定期テスト対策 ▶ 高校入試対策の基礎固めまで

改訂版

中1英語

が面白いほどわかる本

音声
ダウンロード
付

河合塾講師
麦谷郁子

JN039631

＊この本には「赤色チェックシート」がついています。

- **30年間の授業実践がつまった「英語の基礎参考書」です。**

　この参考書は、中学生のみなさんのために書いた、英語の「基礎」を解説したものです。「基礎」というのは、「簡単なこと」ということではなく、「英語の最も土台になる考え方」ということです。ですので、学校で学習する内容を詳しく掘り下げた解説がたくさん出てきます。

　私は約30年間、河合塾で中学生に教えてきました。この参考書は、生徒のみなさんの答案のまちがいを分析し、質問に答えるなかで培ってきた私の授業の様子を文章にしたものです。「この誤りを一人でも少なくするにはどう説明したらよいだろうか」「同じ質問をされないようにするにはどう説明したらよいだろうか」と日々考え、毎年コツコツとブラッシュアップしてきた最新の授業がつまっています。

　ですから、この参考書は、今まで私の授業を受けてくれたすべての生徒のみなさんのおかげで出来上がったものです。私の授業を受けてくれたみんな、ありがとう。
　そして、この参考書を今手にしているみなさん。ぜひこの一冊を通して、「英語の考え方」を身につけていってください。

● はじめから読んでください。

　この参考書は、前の節の内容がその節の解説や問題に含まれており、一冊を通してすべてが関連するように構成されています。ですので、途中から読み進めても、文法用語や解説内容などが難しく、はじめから読まないとわかりにくい仕組みになっています。

　なぜなら、「今日学んだことは、昨日学んだことと何がちがうの？」「今日学んだことだけがテストに出るならいいけど、昨日学んだことも混ざってくると答える自信がない…」このような悩みが実に多く、中学生のみなさんのそれらの悩みに答えるために、この参考書は構成されているからです。

　ですが、大事なことは、何度も何度も繰り返していますので、安心してください。
　また、英語学習でポイントとなるところは、はっきりわかるように示してもいます。「ただ解いて終わり」なのではなく、しっかりと前後の関係も意識しながら学習を進めてください。

麦谷郁子

改訂版　中1英語が面白いほどわかる本
も　く　じ

第 **0** 節　アルファベット・単語

第 **1** 節　[This is a bike.]「これは自転車です」

第 **2** 節　[This is my bike.]「これは私の自転車です」

第 **3** 節　[This is my new bike.]「これは私の新しい自転車です」

第 **4** 節　[He is a teacher.]「彼は先生です」

第 **5** 節　[I am a teacher.]「私は教師です」

本書の使い方

イントロダクション ：テーマごとの、学習項目が書かれています。
ここを意識して取り組んでみましょう。

確認しよう ：学習項目ごとの基本的な例文が書かれています。暗唱できる
くらいになれば、英語への理解が一段と深まります。

英語のツボ ：英語学習のポイントが書かれています。それぞれの内容は他
の学習項目に関連することが多いので、何度も振り返りなが
ら、「英語の考え方」を身につけましょう。

例題 ：解説を中心とした確認の問題です。時間をかけてじっくり解
くのではなく、テンポよく学習することを意識しましょう。

練習問題
チャレンジ問題 ：学習した内容を知識として定着させるための問題です。ノー
トなどに答えを書いて、何度も解けるように工夫しましょう。

赤シートの使い方

赤字になっているため、赤シートでかくすことができます。

①重要なところ
本文で重要なところは理解できるまで繰り返し確認しましょう。

②問題の解答
練習問題 や **例題** は解き終わったらすぐに確認しましょう。

③語句（音声付き）
本文中に出てきた **語句** は音声といっしょに覚えましょう。

【本書の学習に際して】
ご使用の教科書により、学習する内容や順番にちがいがあります。
そのため、学習を進める際に「まだ習っていない内容が入っている（未習）」
もしくは、「すでに習った内容が入っている（既習）」という場合がございます。
未習の場合は先取り学習、既習の場合は復習することで再定着を図れるという
メリットもございますので、学習の状況に応じてご活用ください。

音声ダウンロードについて

- この本の巻末には、本文中に出てきた 語句 を音声付きでまとめています。以下からダウンロードして聴くことができます。

> https://kdq.jp/NnYtN　　ID：chuei1　　PASS：omowaka_1

- 上記ウェブサイトにはパソコンからアクセスしてください。携帯電話・スマートフォン・タブレット端末からはダウンロードできませんのでご注意ください。
- 音声ファイルは MP3 形式です。パソコンに保存してパソコンで再生するか、携帯音楽プレーヤーに取り込んでご使用ください。
- 本サービスは予告なく終了する場合があります。あらかじめご留意ください。

 スマートフォンで音声を聴く場合

abceed アプリ（無料）

> Android・iPhone 対応

　　https://www.abceed.com/

- ご使用の際は、スマートフォンにダウンロードしてください。
- abceed pro は有料です。
- 使い方は上記 URL よりご確認ください。

カバーイラスト：日向あずり
本文イラスト（顔アイコン）：けーしん
本文デザイン：田中真琴（タナカデザイン）
校正：鼎, アラレス
組版：エヴリ・シンク

レッスン **1**　アルファベットの書き方

　さあ、まずは、英語の基礎、**アルファベット**を覚えていきましょう。

　アルファベットは26文字あり、それぞれ**大文字**と**小文字**があります。実は、昔は大文字しかなかったそうです。書き方の練習をすればわかると思いますが、大文字は字面が大きくてたくさん紙を使うのです。そこで紙の節約のために、小文字が生まれたらしいですよ。

　というわけで、小文字は大文字をくずして作られています。形が同じで大きさがちがうだけのものもあれば、小文字と大文字でまったくちがうものもあります。

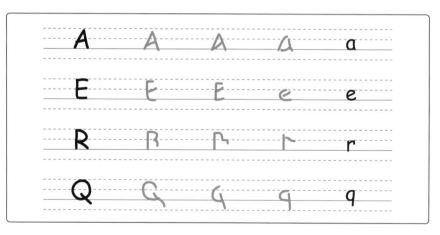

　A→aやE→eは、くずしていった過程が想像できるでしょう。R→rやQ→qくらいまでは、「なるほど！」ですね。ですが、次のはどうでしょうか？

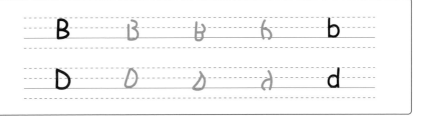

 あれ？　Dは出っぱりが逆になっています！
なぜですか？

　BもDもくずしていくと同じ形になってしまいます。そこで、Dの小文字は逆側の左を出っぱらせることでBの小文字と区別するようになりました。

　アルファベットをaから順に書いていけばまちがえずに書けるが、単語（たんご）として個別に書くときには区別がつかなくなる、ということはよくあることです。dog（イヌ）をbogと書いてしまったり、desk（つくえ）をbeskと書いてしまったりしないように、気をつけましょう。

大文字	A B C D E F G H I J K L M
	N O P Q R S T U V W X Y Z
小文字	a b c d e f g h i j k l m
	n o p q r s t u v w x y z

レッスン**2** 英単語とローマ字はちがう

　小学校でローマ字を勉強しましたよね。ローマ字は、アルファベットを使っているから英語を書いているような気分になりますが、日本語の五十音をアルファベット表記しただけなので、実はひらがなやカタカナとまったく同じ日本語の扱（あつか）いです。

　日本語は、五十音が書ければ単語も文も書けるし、読めますよね。だから、同じ日本語の扱いであるローマ字も、五十音が書ければどんな単語も文もローマ字で書けるし、読めることになります。

英語はどうでしょうか？　アルファベットが書けるようになったら、英語の単語も書けるようになると思いますか？　答えはNoです。　「それくらい知っているよ！」というみなさんも、単語を書くときにまちがえて、ローマ字っぽく書いていませんか？　たとえば、次のようなまちがいです。

テーブル　　×teble　　　○table
オレンジ　　×orenge　　○orange

　英語では「テ」を「te」ではなく「ta」と書いたり、「レ」を「re」ではなく「ra」と書いたり、それだけでなく「ペン」はそのまま「pen」であったり、ややこしく感じる人も多いはずです。

　はじめから英語につまずく人は、「単語が覚えられない」ことからつまずいていきます。そして、ただ単語が覚えられないだけなのに、「英語ができない」「英語がわからない」「英語が苦手だ」と思い込んでしまいます。

　まず、これだけは覚えておいてください。「単語が覚えられない」ことと、「英語ができない」ことは、まったくの別物です。<u>単語が正しく書けなくても、英語のルールを理解することはできます。</u>安心してください。

　くり返しますが、日本語のローマ字は五十音の文字と音が一致しているので、karaoke（カラオケ）、natto（納豆）のように、五十音を覚えれば単語も文も書けるし、読めます。でも、英語の単語は、アルファベットの読み方どおりに発音するのではありません。

　たとえば、desk は「ディーイーエスケイ」と発音するのではなく、「デスク」と発音します。penも、「ピーイーエヌ」と発音するのではなく、「ペン」と発音しますよね。

　このように、<u>ローマ字はつづりと発音が1対1で対応していますが、英語はつづりと発音が1対1で対応していません。</u>ローマ字みたいな顔をしているけれど、英語はローマ字とは全然ちがうのです。アルファベットを覚えただけでは、英単語を書けるようにはならないので、コツコツつづりを覚えるしかありません。

　でも、練習していくとなんとなくつづりと音のよくある組み合わせがわかるようになって、少しずつ覚えるのが簡単になっていきます。安心してください。

　みなさんの先輩たちは、いろいろな工夫をして単語を覚えています。あえてローマ字っぽい発音にして覚えている人も多いですよ。一例をご紹介します。

▶単語の覚え方

例①：orange「オランゲ」と読んで、つづりを orenge とまちがえ
ないようにする

例②：table を「タブレ」と読んで、つづりを teble とまちがえない
ようにする

　ちなみに私は中学1年生のとき、friend の i と e のどちらが先なのか、よく悩んでいました。そこで、「友情もいつか終わり（end）がやってくるんだから、最後は end で終わる」と覚えなおすことで、まちがえることがなくなりました。

英語の ツボ❶

●英単語が覚えられなくても英語はできる♪

●英語は、つづりと発音が1対1で対応していない♪

●英語のつづりを覚えられる自分だけの工夫を探してみよう♪

練習問題

次の単語を英語にしなさい。

(1) ペン	(2) 鉛筆	(3) つくえ	(4) テーブル	(5) 車
(6) 自転車	(7) バス	(8) オレンジ	(9) リンゴ	(10) 卵
(11) ピアノ	(12) ギター	(13) バイオリン	(14) 日本	(15) アメリカ
(16) イギリス	(17) 中国	(18) 英語	(19) 数学	(20) 理科
(21) 音楽	(22) 野球	(23) テニス	(24) サッカー	

解 答

(1) pen	(2) pencil	(3) desk	(4) table	(5) car
(6) bike	(7) bus	(8) orange	(9) apple	(10) egg
(11) piano	(12) guitar	(13) violin	(14) Japan	(15) America
(16) England	(17) China	(18) English	(19) math	(20) science
(21) music	(22) baseball	(23) tennis	(24) soccer	

次の 第**1**節 から英文を勉強していきますが、その前に「名詞」の種類について確認しておきましょう。

名詞とは何か、わかりますか？

> 物などの名前を表す語ですよね？

そのとおりです。先ほどの 練習問題 で扱った「ペン」「音楽」「日本」などの単語はすべて**名詞**です。

英語の名詞は、数えられるかそうでないかで2つの種類に分けられています。それぞれを**数えられる名詞（可算名詞）**と**数えられない名詞（不可算名詞）**といいます。日本語ではそんなことは考えないのでピンとこないかもしれませんが、英語を学ぶうえではとても大事なことなので、しっかりおさえておいてくださいね。

▶**名詞は2種類**

名詞 { 　**数えられる名詞** C
　　　数えられない名詞 U

▶数えられる名詞（可算名詞）を C 、数えられない名詞（不可算名詞）を U と書く場合があります。 C は「数えられる」という意味の単語 countable、 U は「数えられない」という意味の単語 uncountable の頭文字をとったものです。辞書でもそのように書いてあることが多いです。

◆**数えられない名詞**

まずは数えられない名詞から説明しますね。

地名や人名などの**固有名詞**は数えられません。ちなみに、固有名詞の最初の文字は**大文字**にするのが決まりになっています。

では、「紙（paper）」は数えられると思いますか？

> もちろん、数えられます。
> ちょうどここに、紙が「2枚」ありますよ！

と思いますよね？　でもちがうのです。2枚の紙は半分に切ればあっという間に4枚に、4枚の紙はあっという間に8枚になります。このように、紙は1枚の大きさが決まってないので数えられません。

そのほかにも、形が定まっていない「水」や「パン」、「雨」なども**数えられない名詞**です。

◆数えられる名詞：単数形と複数形

数えられる名詞は、その数によって、さらに2種類に分かれます。1つの場合を**単数**、2つ以上の場合を**複数**といいます。

単数の名詞は、その前に**a**か**an**をつけます。この形を**単数形**といいます。子音から始まる名詞には**a**、母音から始まる名詞には**an**と使い分けます。

a / anはoneからできた語です。何度もoneと言っているうちにoneがanに、何度もanと言っているうちにanがaになってきました。

▶母音とは「a, i, u, e, o」に似た音です。母音以外の音は子音といいます。

> なぜ全部 a ではないのですか？

aのあとでappleと言ってみてください。言葉がつっかえて言いにくくないですか？　ですので、母音で始まる名詞にはanをつけるのです。

▶**数えられる名詞が1つの場合の表し方**

- **an ＋母音 (a, i, u, e, o) から始まる名詞**
  例　an apple / an egg
- **a ＋子音 (a, i, u, e, o 以外) から始まる名詞**
  例　a pen / a car

複数の名詞は、名詞の語尾に**-s**をつけます。この形を**複数形**といいます。

➡ 第**11**節

「数えられない名詞」は数えられないのですから、a / anも-sもつかないことになります。

英語の ツボ❷

●**数えられる名詞は、そのままでは使えない♪**

▶名詞の全体像

名詞
- C
  - 単数（1つ） a pen ▶名詞の単数形の前に a / an をつける
  - 複数（2つ以上） pens ▶名詞の単数形のあとに -s をつける
- U Japan / math / soccer など

練習問題

次の単語に、a または an を正しくつけて書きなさい。a / an が不要な単語は何もつけずに書きなさい。

(1) pen　　　(2) pencil　　　(3) desk　　　(4) table　　　(5) car

(6) bike　　　(7) bus　　　(8) orange　　　(9) apple　　　(10) egg

(11) piano　　　(12) guitar　　　(13) violin　　　(14) Japan　　　(15) America

(16) England　　　(17) China　　　(18) English　　　(19) math　　　(20) science

(21) music　　　(22) baseball　　　(23) tennis　　　(24) soccer

解 答

(1) a pen　　　(2) a pencil　　　(3) a desk　　　(4) a table　　　(5) a car

(6) a bike　　　(7) a bus　　　(8) an orange　　　(9) an apple　　　(10) an egg

(11) a piano　　　(12) a guitar　　　(13) a violin　　　(14) Japan　　　(15) America

(16) England　　　(17) China　　　(18) English　　　(19) math　　　(20) science

(21) music　　　(22) baseball　　　(23) tennis　　　(24) soccer

解 説

　(1)〜(7)と(11)〜(13)は、子音で始まる数えられる名詞なので a をつけます。(8)〜(10)は母音で始まる数えられる名詞なので an をつけます。(14)〜(24)は数えられない名詞なので何もつけません。

MEMO

This is a bike.
「これは自転車です」

　さあ、いよいよ英文を書いていきますよ。最初に「これは [あれは] 〜です」という文を学びます。

レッスン 0　英文の基本語順

　アルファベットがいくつか集まって単語ができ（➡ 第 0 節）、単語が組み合わさって文ができます。英文は多くの場合、下図のように3つの部分から成り立ちます。

> ▶英文の公式
>
> **主語**　**動詞**　**X**
> 　　　　　　　　　主語と動詞では足りない情報を補う部分

　動詞というのは、日本語の述語にあたるものです。ここで、日本語と英語のちがいに何か気づきましたか？　そうです。日本語の述語は文末にきますが、英語では述語にあたる動詞が主語のすぐあとにくるのです！　この順番（語順）こそが英文を学ぶうえでは最も重要になります。

　　　X にあたるものは何ですか？

　たとえば主語に入るのが「これは」、動詞が「です」だったとしたら、「これはいったい何ですか？」と聞きたくなるので、「何」の部分が **X** に入ります。では、主語に入るのが「私は」、動詞に入るのが「持っている」

だったとしたら、$\underset{\sim}{X}$には何が入るか想像できますか？

「あなたは何を持っているの？」と聞きたくなるから、同じように「何」の部分が$\underset{\sim}{X}$に入るのですか？

そのとおりです！　もうこれで、英文の基本はできましたよ。

英語の ツボ❸
● 英語は<u>主語</u>・<u>動詞</u>・<u>X</u>の3つの部分から成り立つ♪
● <u>主語</u>のあとには、述語にあたる<u>動詞</u>がくる♪

 レッスン1 「これは〜です」「あれは〜です」の文

主語はもちろんいろいろあるのですが、今回は主語をthisとthatだけに限定して説明していきますね。

thisは「**これ**」という意味で、近くのものを説明するときに用います。thatは「**あれ**」という意味で、遠くのものを説明するときに用います。主語同様、動詞はしばらく「〜です」にあたるisだけを使って説明します。

先ほどまでは$\underset{\sim}{X}$と呼んでいましたが、これは補語といいます。<u>主語の補足説明</u>をするから補語というわけです。「〜です」にあたる<u>動詞</u>は、<u>主語と補語をイコールでつなぐ働きをしています</u>（主語＝補語）。

> ▶**英文の公式**
>
> | **主語** | **動詞** | **補語** |
> |---|---|---|
> | 「〜は」 | 「〜です」 | 「……」 |
>
> 主語 ＝ 補語
>
> this　　　　is　　　　...
> that

早速ですが、「これはペンです」と英語で書けますか？

this is pen. です！

「よくできました！」と言いたいところですが、おしいですね。

第0節で説明した、C の注意事項を思い出してください。penは数えられる名詞です。penが1本だけのときは、どうしたらいいのでしたか？

そうか！ <u>a pen</u> としなければならないのでした！

そのとおりです。「**数えられる名詞は、そのままでは使えない**♪ ➡ 第**0**節 **英語の ツボ②**」でしたね。正しい文は This is a pen. です。それと、最初は大文字の「T」にしないといけませんよ。英文の書き方の基本ルールを整理するので、書くときには注意してくださいね。

▶**英文の書き方の基本ルール**

① : 最初は大文字で始める。

② : 単語と単語の間は少し空ける。

③ : 英文の最後はピリオド (.) をつける。

誤った書き方	this is pen
正しい書き方	This is a pen. 「これはペンです」

　　　　　　　　① 　　　② 　　　③

▶単語の [U] と [C] に注意する ➡ 第**0**節

◆ That is の短縮形 That's

実は、英語は2つの単語をアポストロフィー（'）でくっつけて、1つの単語にすることができます。これを短縮形といいます。That と is の短縮形は That's です（▶ただし、This と is は短縮できません）。

たとえば「あれは本です」は That is a book. ですが、短縮形を使って表すと、That's a book. になります。

確認しよう

・ This is a pen.　　　「これはペンです」

・ That's a book.　　　「あれは本です」

練習問題 ①

次の（　）内の語を並べかえて、英文を書くときの注意事項を守り、意味の通る英文にしなさい。

(1)(is / China / this / .)

(2)(a pencil / that / is / .)

(3)(egg / is / an / this / .)

解答

(1) This is China. ／「これは中国です」

(2) That is a pencil. ／「あれは鉛筆です」

(3) This is an egg. ／「これは卵です」

語句 (1) China「中国」 (2) pencil「鉛筆」 (3) egg「卵」

解説

(1)〜(3) 〈主語＋動詞＋補語 .〉の順で単語を並べかえられましたか？ 主語は this もしくは that、動詞は is です。英文の正しい書き方を理解して、文頭は大文字に、単語と単語の間を少し空けて、最後にピリオドをつけましたか？

(2) 並べかえ問題などで、that / is と別々に単語が与えられているときは、勝手に That's と短縮してはいけません。

(3) egg は母音で始まっている C の単語なので、前につくのは an です。

練習問題 ❷

次の日本語に合うように、(　　) 内に適する語を書きなさい。

(1) あれはつくえです。　(　　　　)(　　　　)(　　　　) desk.

(2) あれはリンゴです。　(　　　　)(　　　　) apple.

(3) あれはアメリカです。(　　　　)(　　　　) America.

解答

(1) That is a

(2) That's an

(3) That is

語句 (1) desk「つくえ」 (2) apple「リンゴ」 (3) America「アメリカ」

解説

(1)〜(3) 空所の数から短縮形を使うかどうかを判断します。

「**数えられる名詞は、そのままでは使えない♪** ➡ 第**0**節 **英語の**ツボ❷」を忘れずに、C の単語の前には a / an を入れます。

(2) apple は C で、母音から始まっているので、an をつけます。

(3) America は apple と同様に母音から始まっていますが、U なので an をつけてはいけません。

「これは〜ではありません」の文（否定文）

では次に、■**1**で学習したThis is a pen.の否定文「これは〜ではありません」の作り方を勉強していきましょう。

This is a pen.を否定文にするには、isのあとに**not**という語を置き、〈主語＋is not 〜 .〉の語順にします。notを置く場所が重要です。他の場所に置いても否定文にはなりませんよ！

> ▶**否定文の作り方**
>
> **動詞 is のあとに not を置く。**
>
> ふつうの文　　This is 　　　a pen.「これはペンです」
>
> 否定文　　　This is not a pen.「これはペンではありません」
>
> 　　　　　　　　　　▶動詞 is のあとに not を置く

また、is notはisn'tと短縮できます。そもそも短縮とは、「いつも変わらずその語順だから」短く言うことができる、というものです。たとえば「スマートホン」が「スマホ」になるのは、いつも「スマートホン（smart phone）」という語順だからです。

というわけで、is notの短縮形はisn't、isのあとにnotを置くという語順をしっかり覚えてくださいね！

先ほどの文を、**短縮形**を使って表すと次のようになります。

> This isn't a pen.
> 　　is not の短縮形

「これは〜ですか」の文（疑問文）

今度は、「これは〜ですか」とたずねる疑問文の作り方です。

疑問文は主語の前に動詞isを**移動**させて作ります。**文末はピリオドの代わりに？（クエスチョンマーク）**をつけて、〈Is＋主語 〜 ?〉の形にします。

> ▶疑問文の作り方
>
> ①動詞 is を主語の前に移動させる。
> ②文末に「?（クエスチョンマーク）」をつける。
>
> | ふつうの文 | This　is a pen. | 「これはペンです」 |
> |---|---|---|
> | 疑問文 | Is　this　　a pen? | 「これはペンですか」 |
>
> 　①動詞 is を主語 this の前に移動させる　②文末に ? をつける

　日本語は最後まで聞かないと、否定文なのか疑問文なのかわかりませんが、英語なら、Isで始まったら**疑問文**、is not[isn't]だったら**否定文**といったように、文の最初のほうでわかります。英語の語順は便利ですね！

レッスン4　Is this[that] 〜？の疑問文に対する答えの文

　次は疑問文に対する**答え方**を勉強しましょう。

　疑問文の主語がthisでもthatでも、<u>主語を代名詞itに置き換えて</u>、「はい、そうです」と肯定するなら "Yes, it is."、「いいえ、ちがいます」と否定するなら "No, it is not." と答えます。

　Yes / Noのあとはコンマ（,）で区切ります。また、it is notはit's not / it isn'tと2種類の**短縮形**が使えます。

> ▶疑問文に対する答え方
>
> **答えでは、主語を代名詞 it に置き換える。**
> 「はい」の場合⇒〈Yes, it is.〉／「いいえ」の場合⇒〈No, it is not.〉
>
> ▶ Yes / No のあとはコンマ（,）で区切る。
> ▶ it is not は it isn't / it's not と短縮形にできる。
>
> | 疑問文 | Is　this a pen? | 「これはペンですか」 |
> |---|---|---|
> | 答え | ---Yes, it is. | 「はい、そうです」 |
> | | ---No, it is not. | 「いいえ、ちがいます」 |

主語を代名詞 it に置き換えるとのことですが、
「代名詞」とは何ですか？

代名詞は文字どおり、名詞の代わりに用いる語です。英語は何度も名詞をくり返すのをきらいます。1度出てきた名詞は、2度目から**代名詞**に置き換えるのがふつうです。 第2節 以降もいろいろな代名詞が出てくるので、覚えておいてくださいね。

英語の ツボ④

●英語では、1度出てきた名詞は2度目から代名詞に
　置き換える♪

では、ここでもう一度、ふつうの文（肯定文）、否定文、疑問文、その答え方を確認しておきましょう。

確認しよう

ふつうの文		That	is	a book.	「あれは本です」
否定文		That	isn't	a book.	「あれは本ではありません」
疑問文	Is	that		a book?	「あれは本ですか」
答え方	---Yes,	it	is.		「はい、そうです」
	---No,	it	isn't[it's not].		「いいえ、ちがいます」

なんだかいろいろな符号（ふごう）が出てきて大変そうです…。

慣れですよ！　たくさん英文にふれていけば大丈夫です。1年生のはじめは、とにかくたくさん英文を書きましょう。たくさん書けば、符号や大文字、小文字のミスは減っていきますよ。手が覚えてしまうくらいに、ひたすら書いて練習してください。

練習問題 ❶

次の英文を、[　　]内の指示にしたがって書き換えなさい。

(1) This is a piano.　　[否定文に]
(2) That is an eraser.　[疑問文にして Yes と No で答える]

解　答

(1) This isn't[is not] a piano. ／「これはピアノではありません」
(2) Is that an eraser? ---Yes, it is. ---No, it is not[it isn't / it's not].
　　／「あれは消しゴムですか」「はい、そうです」「いいえ、ちがいます」

語句 (1) piano「ピアノ」 (2) eraser「消しゴム」

解説

(1) This is a piano.「これはピアノです」という文を否定文にするには、動詞 is のあとに not を置きます。

(2) That is an eraser.「あれは消しゴムです」という文を疑問文にするには、動詞 is を主語 that の前に移動します。That と is の順番（語順）が入れ替わるので、前（文頭）にくる is は Is に、あとにくる That は that に変えます。疑問文の文末のクエスチョンマークと Yes / No のあとのコンマ (,) も書き忘れないように！

練習問題 ❷

次の（　　）内の語を並べかえて、意味の通る英文にしなさい。

(1) (not / that / car / is / a).

(2) (an / this / ant / is) ?

解答

(1) That is not a car. ／「あれは車ではありません」

(2) Is this an ant? ／「これはアリですか」

語句 (1) car「車」 (2) ant「アリ」

解説

(1) 選択肢に not があるので、is のあとに not を置いて〈主語＋is not ～ .〉という否定文の語順にします。

(2) 文末に？（クエスチョンマーク）があるので疑問文だと判断します。まちがって This is an ant? にした人はいませんか？〈Is ＋主語～ ?〉という疑問文の語順にします。

今度は、それが何かわからないものについてたずねる文「これは［あれは］何ですか」の疑問文を勉強します。

「これは何ですか」とたずねる文は、「何」という意味の疑問詞whatを使います。仮に、もとの文がThis is a pen.だとしたら、まず疑問文の形Is this a pen? にします。そして補語にあたる名詞a penを疑問詞whatに置き換えて文頭に移動させ、What is this? とします。What isはWhat's と短縮形にすることもできます。

▶疑問詞 what を用いた疑問文の作り方

① **Yes/No** で答えられる疑問文にする。

② **a pen** を疑問詞 what に置き換えて、文頭に移動する。

もとの文	This is a pen. 「これはペンです」
Yes/No で答えられる疑問文	Is this ~~a pen~~? 「これはペンですか」

①：疑問文を作る ┄┄ what

②：名詞を疑問詞 what に置き換えて文頭に移動

what is this? 「これは何ですか」

またまた難しい用語が出てきました。「疑問詞」とは何ですか？

疑問詞は、「何？」「だれ？」「どこ？」「いつ？」「なぜ？」のようにたずねるときに用いる語句です。今日はwhatだけを扱いますが、これからどんどん出てくるのでお楽しみに！

Whatという疑問詞で始まる疑問文に答えるときは、Yes / Noで答えられる疑問文のときと同様、主語を代名詞itに置き換え、It is ～ .「（それは）～です」と答えます。

> ▶疑問詞を用いた疑問文の答え方
>
> **主語 (that / this) を代名詞 it に置き換え、〈It is 〜 .〉の形で答える。**
>
> 疑問文　　What　is　[that] ?　　　　「あれは何ですか」
>
> 答え　　　　　　[It] is a book.　「本です」
> 　　　　　　　〈主語 (代名詞) ＋動詞 is 〜 .〉

　日本語で「あれは何ですか」と聞かれたら、主語の「それは」を言わずに、「本です」とだけ短く答えることが多いかもしれません。ですが、「英語は主語・動詞・補語の3つの部分から成り立つ♪ **➡ 英語の ツボ❸**」だったように、英語では主語のない文はありません！ What is this[that] ? で聞かれたら、It「それは」を補って〈It is 〜 . 〉で答えましょう。

英語の ツボ❺
●**日本語に書かれていない部分を英語のルールで補おう♪**

◆**英語の勉強は「置き換え」と「移動」がポイント**

　ここまで「これは〜です」「これは〜ではありません」「これは〜ですか」「これは何ですか」と学習してきましたが、1年生の英語の勉強は、ふつうの文（肯定文）を否定文や疑問文に書き換えたり、それに答えたりすることが中心になります。そのときには必ず語（句）の「置き換え」や「移動」を行います。

　This is 〜 . の文でも、疑問文は「主語の前に動詞isを**移動**」、答えの文では「主語を代名詞itに**置き換え**」、「名詞を疑問詞に**置き換え**、文頭に**移動**」してきましたね。このように、何を何に**置き換え**、どこからどこに**移動**したのか、そういったプロセスを大事にしていくと、英語のしくみがわかってきますよ！

　次の例題を、「置き換え」「移動」を用いて解いてみましょう。

例題

次の英文の下線部が答えの中心になる疑問文を、[　　　]内の語と疑問詞を用いて作りなさい。

It is a piano.　[this]

What is this? ／「これはなんですか」

英語の ツボ❻

● 「下線部が答えの中心になる疑問詞を用いた疑問文」は
次の手順で作ります。

① Yes/No で答えられる疑問文にする♪

It is a piano. なので疑問文にすると Is it a piano? になります。

②下線部を疑問詞に置き換えて、文頭に移動する♪（下線部の語句を上から線で消す）

a piano を疑問詞 what にして文頭（一番左）に移動させます。

▶下線部を疑問詞に置き換えるとき、下線部の語句を上から線で消すと、「もうこの単語
は使えないのだな！　疑問詞に置き換えないといけないのだな！」ということがよくわか
ります。ちょっとした工夫ですが、ミスを防ぐことができます。

③その他の指示に従う♪

この問題の場合は「this という語を使う」という指示がありましたね。
なので、it ではなく this を使います。

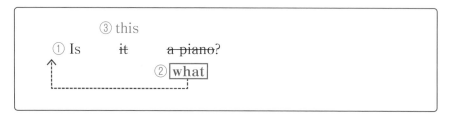

英語の ツボ❼

● 「置き換え」と「移動」こそが、英文の書き換えルールの
原点♪

◆第1節で学んだ短縮形のまとめ

①主語と動詞　　　That is → That's / It is → It's
　　　　　　　　　　　　　　＊ This is は短縮 NG
②動詞と not　　　 is not　 → isn't
③疑問詞と動詞　　What is → What's

第2節 以降も短縮形が出てきますので、上の規則に従って使ってください。

■ **練習問題 ❶**

次の英文の下線部が答えの中心になる疑問文を、[　　]内の語と疑問詞を用いて作りなさい。
(1) It is a violin.　[this]
(2) It is an umbrella.　[that]

■ **解 答**

(1) <u>What is</u>[What's] this? ／「これは何ですか」
(2) <u>What is</u>[What's] that? ／「あれは何ですか」

語句 (1) violin「バイオリン」(2) umbrella「かさ」

■ **解 説**

「置き換え」と「移動」のルールと「下線部が答えの中心になる疑問詞を用いた疑問文の作り方♪ ➡ **英語の ツボ❻** 」を思い出してください。① Yes/No で答えられる疑問文にして、②下線部を疑問詞 what に置き換えて文頭に移動し、(1)(2)の英文内の it をそれぞれ this と that に置き換えます。

■ **練習問題 ❷**

次の問いの文に、[　　]内の語を用いて答えなさい。
(1) What is this?　[Canada]
(2) What's that?　[chair]

(1) <u>It is</u>[It's] Canada. ／「(それは) カナダです」

(2) <u>It is</u>[It's] a chair. ／「(それは) いすです」

語句 (1) Canada「カナダ」 (2) chair「いす」

解 説

　Yes/No で答えるときと同様、答えの文は代名詞 it を使います。

(1) Canada は国名の固有名詞 U なので、a / an はつけません。

(2) chair は C です。a を忘れずに。

チャレンジ問題

次の文を英語にしなさい。

(1) これは日本です。

(2) あれは自転車ではありません。

(3) A：あれはつくえですか。

　　 B：いいえ、ちがいます。

(4) A：これは何ですか。

　　 B：オレンジです。

解 答

(1) This is Japan.

(2) <u>That isn't</u>[That is not / That's not] a bike.

(3) Is that a desk? ---No, <u>it isn't</u>[it's not / it is not].

(4) <u>What is</u>[What's] this? ---<u>It is</u>[It's] an orange.

語句 (1) Japan「日本」 (2) bike「自転車」 (3) desk「つくえ」 (4) orange「オレンジ」

解 説

　英作文は最も力がつく問題形式です。 **第1節** で習った英文が全部入っていますので、身についているかこの問題で確認してください。

(1) Japan は固有名詞で U なので、a / an は不要です。

(2) 動詞 is のあとに not を入れて否定文にします。bike は C なので a を忘れずに。

(3) 疑問文と答えの文です。desk は C なので a を忘れずに。

(4) 答えの文の日本語「オレンジです」は、主語 it を補って「それはオレン

ジです」と考えます。オレンジは C で o という母音で始まる単語なので、an を忘れないでください。

　日本語のまま英語にしてしまうと、英語としてまちがった文になる場合があります。日本語にはなくても、「英語のルールから考えたら、ここには単語が入るね」と補って書けるようになったら、英語への理解が深まっている証拠ですよ。

This is my bike.
「これは私の自転車です」

:∎: イントロダクション :∎:

☑ 「〜の」を表す所有格の代名詞：「私の」「あなたの」を知る ▶ **1**

☑ 「〜の」を表す所有格の代名詞：「彼の」「彼女の」を知る ▶ **1**

☑ ふつうの名詞に「〜の」の意味をつけ加える ▶ **1**

☑ a / an と所有格のちがいを知る ▶ **2**

　今回は、「私の自転車」とか「ぼくの本」など、名詞の「持ち主」を表す表現を学びます。持ち主を表す形を代名詞の**所有格**といいます。

> **レッスン 1**　「〜の」を表す代名詞：所有格

　みなさんは、「自分」のことを何と呼んでいますか？

> 「私」と言いますが、「ぼく」とか「あたし」とか言う友達もいます。

　日本語ではそのようにいろいろな呼び方がありますが、英語では自分のことを呼ぶときの言い方は1つしかありません。「**自分の**」はどんな人でも my を使います。言語の世界では、自分（話す人）のことを**一人称**と呼びます。

　たとえば「自分の自転車」と言うときは、my bikeと言います。

> ということは、「私の自転車」も「ぼくの自転車」も英語はすべて my bike ということですか？

　そうです。myがあったら、**話している人の自分自身のこと**なんだな、と理解してください。

　また、話を聞いてくれる相手の「**あなたの**」の言い方も、英語には1つしかありません。yourです。たとえば、相手が先生でもお母さんでも医者でも、**全部your**になります。一方で日本語は、相手の立場や職業を表す語、「先生の」とか「お母さんの」とかで呼びますね。

　日常会話のなかで相手のことを「あなた」と呼ぶことはほとんどないとは思いますが、英語の勉強ではyourは「**あなたの**」と訳すことになっています。ただし、その訳し方が大事なのではなく、「your（あなたの）は自分の話を聞いてくれる相手のことだ」と理解することが大事です。言語の世界では、相手（話を聞いてくれる相手）のことを二人称と呼びます。

英語の ツボ❽
●**一人称と二人称は、1種類ずつの言い方しかない♪**

　また、話題になる人や物のことは三人称と呼びます。「第三者」の「三」です。三人称で代名詞ではないふつうの名詞の場合は、その**名詞のあとに**"**-'s（アポストロフィ＋s）**"をつけて「〜の」の意味を加えます。

　たとえば、「ケンの自転車」ならKen's bike、「私の母の自転車」ならmy mother's bikeです。

　以前お話ししたとおり、英語は何度も名詞をくり返すことをきらいます。「**英語では、1度出てきた名詞は2度目から代名詞に置き換える♪**」 **第1節** **英語の ツボ❹** 」でしたよね！

　そこで2度目からは、男性なら**代名詞his**「**彼の**」、女性なら**代名詞her**「**彼女の**」に置き換えます。

　先ほどのKen's bike は2度目からhis bikeに、my mother's bikeは2度目からher bikeになるということです。hisは「彼の」、herは「彼女の」と訳す約束になっています。ここでも、「彼」「彼女」という日本語を覚えることが大事なのではなく、話題になっているのは男性、女性のことなんだ、と理解することが大事です。

◆**一人称・二人称・三人称の代名詞の所有格**

一人称（自分・話す人）	my「私の」
二人称（相手・聞く人）	your「あなたの」
三人称（話題になる人や物）	Ken's →〔男性〕his「彼の」 my mother's →〔女性〕her「彼女の」

· This is my bike. 「これは私の自転車です」

· That isn't your violin. 「あれはあなたのバイオリンではありません」

· Is this Ken's cat? Yes, it is. It is his cat. ▶2度目は代名詞を使う

　「これはケンのネコですか。

　はい、そうです。彼のネコです」

· Is that your mother's car? No, it isn't. It isn't her car.

　「あれはあなたのお母さんの車ですか。

　いいえ、ちがいます。彼女の車ではありません」

練習問題

次の英文の（　　）内から適当な語を選びなさい。

(1) A : Is this Mr. Kato's pen?

　　B : Yes, it is. It's (his, her) pen.

(2) A : Is that your bag?

　　B : No, it's not. It's not (my, your) bag. It's my father's bag.

(3) A : Is this your sister's guitar?

　　B : Yes, it is. It's (my, your, her) guitar.

(4) Kenji : What is (my, your, his, her) name?

　　Emiko : (My, Your, His, Her) name is Kenji.

解答

(1) his ／「これはカトウさんのペンですか」「はい、そうです。それは彼のペンです」

(2) my ／「あれは、あなたのかばんですか」「いいえ、ちがいます。それは私のかばんではありません。(それは) 私の父のかばんです」

(3) her ／「これはあなたのお姉さん (妹さん) のギターですか」「はい、そうです。それは彼女のギターです」

(4) my / Your ／ケンジ「ぼくの名前は何ですか」エミコ「あなたの名前はケンジです」

語句 (1) Mr.「～さん (男性につける称号)」 (2) bag「かばん」／ father「父」 (3) sister「姉 (妹)」／ guitar「ギター」 (4) name「名前」

解　説

（1）Mr. Kato's を代名詞にする問題です。Mr. は男性につける称号なので、**his** になります。ちなみに、女性には Ms. をつけます。

（2）A さんの Is that <u>your</u> bag? の your は B さんのことです。だから、B さんが話すときには自分のことになり、使う代名詞は **my** になります。問いと答えでは一人称と二人称が入れ替わることに注意しましょう。「私」「あなた」という日本語にたよっていると、その実感がわきませんよ。

英語の ツボ❾
●問いと答えでは、一人称と二人称は入れ替わる♪

（3）一見すると(2)と同じ問題に見えますが、そのあとに sister があります。your sister's 全体が guitar の持ち主を表しています。your sister は女性なので代名詞 her「彼女の」で受けます。「英語は<u>主語・動詞・補語</u>の３つの部分から成り立つ♪➡ **第1**節 **英語の ツボ❸**」を思い出して、英文をしっかり３つの部分に分けて考えましょう。your sister's guitar が補語にあたります。英文を３つに分けるということは、大文字からピリオドまでなどの英文全体を見て考えるということです。

英語の ツボ❿
●いつも英文を３つの部分に分けて考えるクセをつける♪
●英文全体を見て考える♪

（4）**第1**節 の疑問文の作り方から考えてみましょう。「疑問文は主語の前に動詞 is を移動する」でしたから、is の右側、つまり (my, your, his, her) name が主語だとわかります。だから、「（　　）の名前は何ですか」という意味になりますね。**第1**節 では、主語を this と that に限定しましたが、主語は「〜は」にあたる部分なので、名詞なら何でも主語にすることが可能です。さあ、だれの名前を聞いているのでしょうか。この問題は、発話者に名前がついているところがポイントです。エミコは「ケンジ」と相手の名前を答えています。ということはエミコの（　　）には **Your** を選ぶのが正解です。そして、Your で答えるということは、ケンジは my でたずねているということです。「ぼくの名前は何？」「あなたの名前はケ

ンジね」と会話をしているのです。

Kenji:	<u>What</u>	is	<u>my name?</u>
Emiko:	<u>Your name</u>	is	Kenji.

レッスン**2**　a / an と所有格

先生、第**1**節 では、数えられる名詞が 1 つあるときは、a / an をつけました。今回は a / an が出てこないのですが、つけなくてもよかったのですか？　bike も数えられる名詞だと思うのですが……。

　いいところに気づきましたね！　a / anは、単に「1つの」という意味ではなく、「1つならどれでもいいよ」という意味なのです。この、「どれでもいい」というところがとても重要なのです。それに対して、myやyourなどの所有格がつくと、その人のものに限定されますね。相手のペンを借りて This is a pen. と言うのは許されるけれど、This is my pen. と言うことは許されないですよね？　だから、a / anと所有格はいっしょに用いることができないのです。すなわち、**数えられる名詞**には、a / anもしくは所有格をつける、と理解してください。

英語の ツボ⓫
● a / an と所有格はいっしょに使えない♪

どのペンも This is a pen. といえる

|トム|マイク|私|ユキ|エミリ|

↑ This is my pen. といえるのは 1 本だけ。
だから、a / an と所有格はいっしょに使えない。

練習問題

次の（　）内に、a か an を書きなさい。不要な場合は×を書きなさい。

⑴ This is (　) my book.

⑵ This is Emi's (　) book.

⑶ That is (　) egg.

⑷ That is (　) Emi.

解答

⑴ ×／「これは私の本です」

⑵ ×／「これはエミの本です」

⑶ an ／「あれは卵です」

⑷ ×／「あちらはエミです」

語句 ⑴ book「本」 ⑶ egg「卵」

解説

⑴ 後ろに **my** という**所有格**があるから a / an は入りません。

⑵ 後ろに my / your / his / her などの所有格の代名詞がないので、a を入れたくなるかもしれませんが、前に Emi's「エミの」があります。Emi's book が補語の部分になっている英文です。「**英文全体を見て考える♪ ➡ 英語の ツボ⑩** 」を忘れずに。

⑶ 数えられる名詞 egg に所有格がついていないので、a / an が必要です。母音から始まっている名詞なので **an** を入れます。

⑷ Emi は母音から始まっていますが、大文字で書いてあるので固有名詞です。a / an は不要です。

次の文を英語になおしなさい。

(1) A：これはノートですか。

   B：はい、そうです。マイク (Mike) のノートです。

(2) A：あれはあなたのかばんですか。

   B：いいえ、兄のかばんです。

(3) トム：あれはケン (Ken) くんの本？

   ケン：ちがうよ、トム (Tom) くんのだよ。

解　答

(1) Is this a notebook? ---Yes, it is. It is Mike's notebook.

(2) Is that your bag? ---No, it isn't. It is my brother's bag.

(3) Tom: Is that your book? ---Ken: No, it isn't. It's your book.

語句 (1) notebook「ノート」 (2) brother「兄」

解　説

(1) A：notebook は数えられる名詞なので、問いの文の notebook には a が必要です。B：日本語には主語は書いていませんが、英語では It を主語にします。Mike の後ろに -'s (アポストロフィ＋ s) をつけて「マイクの」という**所有格**にしてください。

(2) A：「-'s をつけなくっちゃ！」という意識が出てきて、my / your / his / her にも -'s をつけるまちがえをする人が多いです。my / your / his / her は「〜の」の意味を含んでいるので -'s はつきません。B：× It is brother's bag. としてしまった人はいませんか。兄 (brother) は数えられるので、a / an か所有格が必要な名詞です。自分や人の家族関係を表す語には所有格を忘れずに！　この問題の場合は「私の」という日本語を補って英文にしましょう。

(3) この問題には大きな落とし穴があります。 **1** **練習問題** の(4)の人称の説明を思い出してください。これは、だれとだれの会話ですか？ケンは、トムの話を聞いてくれる人、つまり、トムから見るとケンは二人称にあたります。トムも同様、ケンの話を聞いてくれる人、つまりケンから見るとトムは二人称です。日本語では、相手のことを「あ

なた」とあまり言いませんよね。相手の名前や身分を表す語を使うの
が一般的なので、混同しないように注意しましょう。

This is my new bike.
「これは私の新しい自転車です」

■:+ イントロダクション ■:+

☑ 形容詞の働きを知る ▌1
☑ this / that には「この」「あの」という形容詞的意味があることを知る ▌2
☑ 数えられる単数名詞の前につく語を知る ▌3

今回は形容詞について学びます。

レッスン1 形容詞の働き

　言葉のルール（文法）を説明するとき、日本語にも英語にもよく似た用語が出てきますが、定義が同じだとはかぎりません。英語での<u>形容詞の定義</u>は、「名詞を修飾する」ことです。

　「大きな木」のように、日本語は前から後ろの名詞を修飾します。これを英語でいうとa big tree。日本語と同じ語順ですね。前から後ろの名詞を修飾します。

〈日本語〉　　　〈英語〉

「大きな木」　　a big tree　　▶名詞の修飾のしかたは日本語も英語も同じ

〈形容詞＋名詞〉

　実は、英語の形容詞には<u>単独で補語になる</u>働きもあります。補語は主語を補足説明するものでしたね➡第1節。<u>is は主語と補語をイコールで結ぶ</u>ものでした。だから、「これ」＝「大きな木」も、「この木」＝「大きい」と同じ意味になります。

　さあ、以上のことから、公式に代入できる語句は、主語には「名詞」、動詞には「動詞」、補語には「名詞」か「形容詞」が代入できるということになります。

▶英文の公式

名詞	動詞	名詞／形容詞

主語　　　**動詞**　　　**補語**

「〜は」　　　「〜です」　　　「……」

レッスン2 this「この」／ that「あの」：形容詞的用法

　今まで「これ」「あれ」という意味で単独で主語として用いてきた this / that ですが、「この」「あの」という**形容詞**の意味もあります。これが this / that の**形容詞的用法**で、this book「この本」、that car「あの車」などと、this / that の後ろの**名詞**を修飾します。

　今まで this や that のあとは、何も考えなくても is を書けばよかったのに、ちょっと考える必要が出てきたわけです。

---

　① This is a big tree.
　② This tree is big.

　上の2つの文は、ほとんど意味は同じですが、どこまでが主語かわかりますか？

　　どっちも this から始まっていますよね…
　　this ではないのですか？

　「英文の公式」を見てください。**主語**のあとに**動詞**があるということは、**動詞**の前に**主語**があるともいえます。動詞を見つければ、主語も見つかるはずです。

　①の is の前は This しかないので、This が主語で「これは大きな木です」という日本語訳になります。②は is の前に This tree があるので、This tree が主語で「この木は大きいです」という日本語訳になります。文の構造も日本語訳もちがってくるのですよ。

●動詞の前に主語がある、この感覚が大事♪

〈主語＋動詞＋補語 .〉

· This   is   a big tree .   「これは大きな木です」

· This tree is   big .   「この木は大きいです」

レッスン3　名詞につく語：数えられる単数名詞につく限定詞

今まで学んできた名詞につく語を整理しておきましょう。

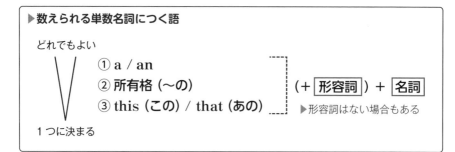

▶数えられる単数名詞につく語

どれでもよい

① a / an
② 所有格（〜の）
③ this（この）/ that（あの）

（＋ 形容詞 ）＋ 名詞

▶形容詞はない場合もある

1つに決まる

数えられる名詞（単数）の前につく語を確認しましょう。

第2節 で、「a / anと所有格はいっしょに使えない♪ ➡ **第2節** **英語の ツボ⑪**」ということを学びましたね。理由を覚えていますか？

a / anは「どれでもいい」、所有格は「持ち主が決まっている」、だから、a / anは名詞を限定しないけれど、所有格は名詞を限定するのでしたね。結果だけでなく、その理由もしっかり理解すると頭に残りますよ。

a / anと所有格がいっしょに使えないのと同様に、this / thatとa / anもいっしょには使えません。また、所有格とthis / thatもいっしょには使えません。

ここに自分のペンが5本あるとします。どのペンも my pen と言えますね。でも、this pen と1本のペンを指したら、他のペンのことを this pen と言えなくなりますよね。

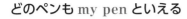

どのペンも **my pen** といえる

↑ **this pen** といえるのは 1 本だけ

▶ 所有格と this（この）/that（あの）もいっしょに使えない！

というわけで、数えられる名詞の単数には、①a / an、②所有格、③this/thatのどれか1つをつける、いや、つけなければならないのです。「数えられる名詞は、そのままでは使えない♪ ➡ **第0節** **英語の ツボ②**」だったのを覚えていますか？ ①②③のどれかがついたとき、そのままではなくなるのです！ 名詞がそのままではなくなったとき、はじめて主語や補語に代入できるのです。なお、①②③のことを限定詞といいます。名詞が1つに限定されるかどうかを表す語のことをいいます。

ちなみに**名詞**とか**動詞**とか**形容詞**とか、単語の性質によって分類したものを品詞といいます。これからの説明で出てくるので覚えておいてくださいね！

レッスン4 形容詞が入った名詞のかたまりの語順

形容詞にnew、名詞にpenを使うと、〈限定詞（①か②か③） 形容詞＋名詞〉の語順なので以下のようになります。

	限定詞の種類	形容詞 new を使った例
①	a / an	例 a pen → a new pen
②	所有格（〜の）	例 my pen → my new pen ▶ my 以外の所有格ももちろん OK。your new pen などと表す。
③	this（この）/ that（あの）	例 this pen → this new pen ▶ that も同様に that new pen と表す。

▶ なお、a のあとに old などの母音で始まる形容詞が入ると、a が an になります。a apple ではなく、an apple と同じ考え方です。

図の内容はわかりました。でも、今後 this のあとに is を書いたらよいのか、それとも名詞を書いたらよいのか、そこがわからないのです！

さっき、「名詞がそのままではなくなったとき、はじめて主語や補語に代入できる」と説明しました。だから、thisのあとに何を書けばいいのだろうと悩む前に、「**数えられる名詞は、そのままでは使えない♪** ➡ 第**0**節 **英語の** **ツボ❷**」を思い出してください。つまり、正しい名詞のかたまりを作ることを優先すると、悩みはなくなります。

英語の **ツボ⓭**
●**正しい名詞のかたまりを作ることからスタートする♪**

▶「名詞のかたまり」になると主語や補語に代入できる

名詞	動詞	名詞／形容詞
主語	**動詞**	**補語**
This	is	an apple .
This	is	a big tree .
This	is	my new pen .
My pen	is	red.
That big tree	is	nice.

▶数えられる単数名詞の前には①②③のいずれかが必ず入る

▶名詞を修飾する形容詞を入れる位置は限定詞①②③と名詞の間

次の例題を、「単数の名詞につく語①a / an、②所有格、③this/that」で「名詞のかたまり」を作って解いてみましょう。

例 題

次の（　　）内の語を並べかえて、意味の通る英文にしなさい。
(your / this / guitar / new / is).

解 答

This is your new guitar. ／「これはあなたの新しいギターです」

語句 guitar「ギター」

解 説

　日本語が与えられていない問題ですが、意味を最初に考えてはいけません。まずは名詞を見つけます。与えられた語の中で名詞は guitar で数えられる名詞です。数えられる名詞は、① a / an、②所有格、③ this/that のどれか１つをつけなければなりません。

英語の ツボ⓮

●数えられる名詞（単数）には必ず限定詞を１つつける♪

　限定詞①②③のいずれかをつけて「名詞のかたまり」を作ります。

　与えられた語には、②所有格の your「あなたの」と③の this があるので、どちらをつけるべきか考えます。this は「これ」という意味で単独で主語にすることができますが、your は後ろには名詞が必要なので、your guitar「あなたのギター」という名詞のかたまりにします。

　では、new という形容詞はどこに入れたらよいでしょうか？ 〈限定詞（＋形容詞）＋名詞〉という語順だと説明しましたね。よって your new guitar というかたまりになります。

This is **your new guitar.**
　　　　②所有格　　　　Ⓒ

Your new guitar is this. と言うこともできますか？

　できません。is はたしかに主語と補語をイコールで結ぶ働きをしていますが、主語について説明を加えるのが補語なので、より明確なものを主語にしなければなりません。指し示したものはもっとも明確に１つに決まりますから、this や that を含むときは、それを主語にしてください。

次の（　　）内の語を並べかえて、意味の通る英文にしなさい。そして、できた英文を日本語になおしなさい。

(1) (is / a / table / this / big).

(2) (white / cat / that / is).

(3) (glass / is / that / small) beautiful.

解 答

(1) This is a big table. ／「これは大きなテーブルです」

(2) That cat is white. ／「あのネコは白い」

(3) That small glass is beautiful. ／「あの小さなグラスは美しいです」

語句　(1) table「テーブル」／ big「大きい」　(2) white「白い」／ cat「ネコ」　(3) glass「コップ」／ small「小さい」／ beautiful「きれいな」

解 説

(1) 数えられる名詞は table です。限定詞 a があるので a table という名詞のかたまりにします。形容詞 big は a と table の間に入れて a big table にします。this は「この」という形容詞ではなく「これ」という意味で主語として使います。動詞 is の前が主語です。

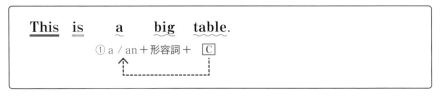

(2) 意味を先に考えた人は、だいたい「あれは白いネコだ」と思い、× That is white cat. と書いて×になります。数えられる名詞は cat で、限定詞① a / an、②所有格、③ this / that のどれがつけられるのかを先に考えます。与えられた語の中には③の that しかないので、that cat「あのネコ」という名詞のかたまりにできるかがポイントです。

That cat　is　white.

③ that　C

 英語の ツボ⑮

●日本語訳が与えられていない問題は先に意味を考えない♪

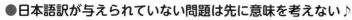

　(3)「数えられる名詞は glass だから、これに限定詞①②③のどれかをつければいい、それにあたるのは that だけだから、that glass の名詞のかたまりを作って、That glass is small にすればいい」と考えてしまった人はいませんか？　最後に beautiful があることを見落としてはいけません。「いつも英文を3つの部分に分けて考えるクセをつける♪／英文全体を見て考える♪ ➡ 第2節 英語の ツボ⑩ 」を覚えていますか？　英文というのは、大文字からピリオドまでです。(　　)の中だけで考えてはいけませんよ。

　beautiful は形容詞なので、単独で補語になります。その前が動詞で is。ということで、残りの単語すべてが主語なのです。

　つまり、主語は That small glass、動詞は is、補語は beautiful です。

That small glass　is　beautiful.

③ that ＋ 形容詞 ＋ C　　　　形容詞

■ 練習問題 ❷ ◀

次の英文が正しければ○、まちがっていれば×を書きなさい。

(1) This is a old book.

(2) This book is an old.

(3) This is American book.

(4) This Ken's book is interesting.

(5) Ken's brother's bike is old.

(1) × 正しい英文 This is an old book. ／「これは古い本です」

(2) × 正しい英文 This book is old. ／「この本は古いです」

(3) × 正しい英文 This is an American book. ／「これはアメリカの本です」

(4) × 正しい英文 Ken's book is interesting. ／「ケンの本はおもしろいです」もしくは This book is interesting. ／「この本はおもしろいです」

(5) ○ 「ケンのきょうだいの自転車は古いです」

語句 (1) old「古い」／book「本」 (3) American「アメリカの」 (4) interesting「おもしろい」 (5) brother「きょうだい（兄・弟）」／bike「自転車」

解説

(1) 形容詞 old は母音で始まっているので、a ではなく an になります。

(2) old という母音で始まる語があるから an をつけて正しい、と思ってしまった人はいませんか？ old を見たら、母音を見たら、とにかく an をつければいい、と早とちりしてはいけません。an は名詞を限定するものなので、あとに名詞がない形容詞のみの old に an はつけません。

(3) American のあとに数えられる名詞の book があるので限定詞が必要です。American は大文字で始まっていますが、固有名詞ではなく「アメリカの」という意味の形容詞です。固有名詞 America から作られた単語なので、大文字始まりの名残があるだけです。American は母音から始まっているので、**an** American book が正解です。

(4) 数えられる名詞 book に this と Ken's という限定詞が2つついています。どちらか1つしかつけてはいけません。

(5) Ken's と brother's と限定詞が2つついているように見えますが、そうではありません。bike に brother's という所有格がついていますが、この所有格のもとになっている brother は人間で数えられる名詞です。なので、この brother に限定詞 Ken's がついているのです。Ken は固有名詞なので、何もつけなくて大丈夫です。➡ 第**0**節

チャレンジ問題

次の文を英語になおしなさい。

(1) これは簡単な問題ですか。

(2) あの背の高い男の人は、数学の先生ではありません。

解答

(1) Is this an easy question?

(2) That tall man isn't[is not] a math teacher.

語句 (1) easy「簡単な」／ question「問題」 (2) tall「背の高い」／ man「男の人」／ math「数学 (の)」／ teacher「先生」

解説

(1) 数えられる名詞には**限定詞**が必要です。「簡単な」という形容詞 easy は母音で始まっているので an を使い、an easy question という名詞のかたまりを作ります。an easy question が補語の疑問文の語順にします。

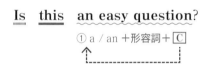

(2) 数えられる名詞「男の人 (man)」に「あの (that)」がついているので、これ以上限定詞をつけてはいけません。teacher も数えられる名詞なので a をつけます。That tall man が主語で、a math teacher が補語の否定文の語順にします。

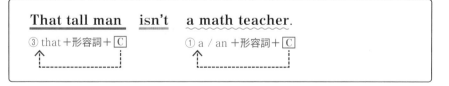

He is a teacher.
「彼は先生です」

▪▪▪ **イントロダクション** ▪▪▪
☑ he / she の三人称の主格代名詞を覚える ▶ 1
☑ 主格代名詞 he / she / it を区別する ▶ 1
☑ 主格代名詞と所有格代名詞を区別する ▶ 1
☑ 「〜はだれですか」と who を使った疑問文と答えの文を作る ▶ 2
☑ 疑問詞 what / who を使い分ける ▶ 2

今回は主語になる**代名詞**（三人称の場合）を学びます。

> レッスン**1**　he / she：三人称の主格代名詞

今までに、いろいろな代名詞が登場しました。覚えていますか？

> **it、あとは my / your / his / her です！**

　よく覚えていましたね！　実は 第1節 で出てきた it と 第2節 で出てきた my / your / his / her は種類がちがいます。it は主語を受けるものなので、**主格**といいます。主格の it は「**それは**」と訳します。

　my / your / his / her は持ち主を表し、名詞の限定詞として用いるもので、**所有格**といいます。

　今回は、三人称の主格を学習していきましょう。

◆人称による主格・所有格の代名詞①

		主格（〜は）	所有格（〜の）
一人称（自分・話す人）			my
二人称（相手・聞く人）			your
三人称 （話題になる人・物）	男	he	his
	女	she	her
	物	it	its

▶ it には its という所有格があります。しばらく文例には出てきませんが、形は知っておきましょう。

▶一人称・二人称の主格は 第5節 で学びます。

人称の考え方は、もう大丈夫ですか？　「私」「あなた」「彼」「彼女」「それ」という訳し方だけ覚えても意味がないのでしたね。「自分（話す人）」が**一人称**、「相手（聞く人）」が**二人称**、「話題になる人や物」が**三人称**でした。

三人称は、「男性・女性・物」に分けられます。もともとの名詞が「男性」だったら代名詞he「**彼は**」、「女性」だったら代名詞she「**彼女は**」を使います。イヌ（dog）などの動物、ペン（pen）などの物だったら代名詞it「**それは**」になります。

例文1　This is <u>my brother</u>. He is a soccer player.
「こちらは私の兄です。彼はサッカーの選手です」
▶2度目は代名詞を使う

例文2　<u>Ms. Yamada</u> is my English teacher. She is kind.
「山田先生は私の英語の先生です。彼女は親切です」

例文1　1文目のmy brotherが2文目ではHe「彼は」という代名詞に置き換えられています。例文2　1文目のMs. YamadaのMs.は女性につける称号なので女性だとわかり、それによって2文目はShe「彼女は」という代名詞に置き換えられています。

今回の学習のポイントは、<u>主格のhe / she / itが区別できるようになること</u>と、<u>主格と所有格（heとhis、sheとher）が区別できるようになること</u>です。

英語のツボ⓰
●**似たものが区別できて、はじめて理解したことになる♪**

主格を学んだあと、主格だけしか問われていない問題なら、だれでも正解できます。ですが、主格と所有格を区別する必要があるなど、すでに学んだことと新しく学んだことが混在した問題だと、できる人とできない人がいます。このような問題に正解できる人が成績を伸ばすことができます。この本では、その点を意識して解説していきます。

では、次の例題をやってみましょう。

次の英文の(　　)内に、it / he / she の中から適当なものを選んで書きなさい。

(1) A: Is this your father's car?

　　B: Yes, (　　) is.

(2) A: Is that man a doctor?

　　B: No, (　　) isn't.

(3) A: Is that girl Mike's sister's friend?

　　B: Yes, (　　) is.

解 答

(1) it ／「これはあなたのお父さんの車ですか」「はい、そうです」

(2) he ／「あの男の人は医者ですか」「いいえ、ちがいます」

(3) she ／「あの女の子はマイクの姉(妹)の友達ですか」「はい、そうです」

語句 (1) father「父親」／ car「車」 (2) man「男の人」／ doctor「医者」 (3) girl「女の子」／ Mike「マイク〔男性の名前〕／ sister「しまい(姉・妹)」／ friend「友達」

(1)は男性の **father** とあるから **he**、(2)も **man** とあるから **he**、でも、(3)は **girl** と **sister** が女性で、**Mike** は男性で、男性も女性も登場しているから、えーっと…

解 説

　はい、新しいことを学ぶと、新しい情報にばかり目がいってしまいますね。いたずらに迷わないよう、今までの復習をしましょう。

　「いつも英文を3つの部分に分けて考えるクセをつける♪英文全体を見て考える♪ ➡ **第2節** **英語の** **ツボ⑩**」、「数えられる名詞(単数)には必ず限定詞を1つつける♪ ➡ **第3節** **英語の** **ツボ⑭**」「正しい名詞のかたまりを作ることからスタートする♪ ➡ **第3節** **英語の** **ツボ⑬**」を思い出してください。性別ばかりに気を取られてはいけません。

　数えられる名詞 C に限定詞を1つつけることが、英文を3つに分けるコツです。今回はすべての A の文が疑問文なので、動詞が主語の前に移動しています。そのあとを、主語と補語の2つの部分に分けなくてはなりません。

(1) まずは、C に着目しましょう。(1)の A の文の C は何ですか？

> **father** と **car** です。

car の前には所有格 father's がつき、father の前には所有格の your がついているので、your father's car が名詞のかたまりになっているのがわかりますか？　そうすると、もう1つのかたまりは this ですね。疑問文は主語の前に is を移動したものなので、主語は this です。

this や that は2回目から代名詞に置き換えて、it にします。

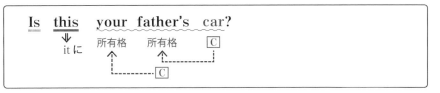

英語の ツボ⑰
●数えられる名詞に限定詞を1つつけ、英文を3つに分ける♪

(2) C は man と doctor で、man には that、doctor には a がついています。that man と a doctor のかたまりができ、that man が主語ですね。主語で男性だから代名詞は he です。

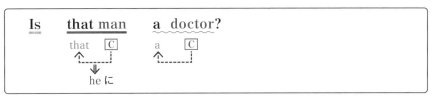

> あ、これは直感が当たっていました！

そうですね。直感がさえているうちはいいのですが、直感・感覚にたよって問題を解いている人は、だいたい受験前に「英語がよくわからない」と相談にきます。1年生のうちから、正しい解き方、つまり「いつも英文を3つの部分に分けて考えるクセをつける♪ ➡ 第2節 英語の ツボ⑩ 」を身につけていきましょう。

(3) 文中に C は girl / sister / friend とたくさんあります。girl に that がついてまとまりができていて、sister には Mike's、friend には sister's がついているから、Mike's sister's friend で意味がまとまります。

主語の前に is を移動した疑問文だから、is のすぐ右が主語ということ、つまり that girl が主語です。女性なので she が答えになります。

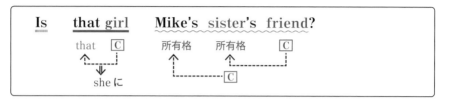

練習問題
次の英文の（　　）内から適当な語を選びなさい。
(1) (He, His) is a teacher.
(2) (She, Her) teacher is young.

解答
(1) He ／「彼は先生です」
(2) Her ／「彼女の先生は若いです」
語句　(1) teacher「先生」　(2) young「若い」

解説
　文の最初は主語だから、どちらも主格の代名詞だと思った人はいませんか？　「いつも英文を 3 つの部分に分けて考えるクセをつける♪英文全体を見て考える♪ ➡ 第2節 英語のツボ⑩」を忘れないでくださいね。
　また、「動詞の前に主語がある、この感覚が大事♪ ➡ 第3節 英語のツボ⑫」も覚えていますか？

(1) 　□□□ 　　　　　 is a teacher.
(2) 　□□□ teacher is young.

　(1)は後ろに is があるから He で合っていますが、(2)は teacher までが主語になるので、所有格の Her にしなければいけません。

54

　　主格、所有格は「～は」「～の」という日本語で覚えるのではなく、<u>主格</u><u>のあとは動詞、所有格のあとは名詞</u>、と覚えましょう。

▶**主格のあとは動詞、所有格のあとは名詞**

　〈**主格** ＋ |**動詞**| 〉　　　〈**所有格** ＋ |**名詞**| 〉

レッスン**2**　疑問詞 who の疑問文と答え方

　　次に、<u>人をたずねる疑問詞**who**を使った疑問文</u>「**～はだれですか**」を勉強しましょう。

　　第1節 で学んだ、疑問詞whatの疑問文の作り方とまったく同じ手順です。**置き換え、移動**の手順を見てみましょう。

▶**疑問詞 who を用いた疑問文の作り方**

① **Yes/No で答えられる疑問文にする。**
② **Tom を疑問詞 who に置き換えて、文頭に移動する。**

| もとの文 | This boy is Tom. | 「この少年はトムです」 |
| Yes/No で答えられる疑問文 | Is this boy ~~Tom~~? | 「この少年はトムですか」 |

　　①：疑問文を作る　　----- |who|

　　　②：名詞を疑問詞 who に置き換えて文頭に移動

　|who| is this boy?　　　　　「この少年はだれですか」

　　疑問詞whoで始まる疑問文に答えるときも、他の疑問文に答えるときと同様、主語を代名詞he / she / itに**置き換え**、〈<u>He</u>[She / It] is ～ . 〉「(**彼は** [**彼女は／それは**]) **～です**」と答えます。

確認しよう

| 疑問文 | Who is <u>this boy</u>? | 「この少年はだれですか」 |
| 答え方 | --- <u>He</u> is Tom. | 「トムです」 |

次の英文の下線部が答えの中心になる疑問文を、[　]内の語句と疑問詞
を用いて作りなさい。

(1) He is <u>my English teacher</u>.　[Mr. Green]

(2) She is <u>Emily's aunt</u>.　[that woman]

解答

(1) Who is Mr. Green?／「グリーン氏はだれですか」

(2) Who is that woman?／「あの女性はだれですか」

語句　(1) English teacher「英語の先生」／ Mr. Green「グリーン氏」　(2) Emily「エミ
リー〔女性の名前〕」／ aunt「おば」／ woman「女の人」

解説

　(1) 今回も「下線部が答えの中心になる疑問詞を用いた疑問文の作り方♪
第1節 ➡ 英語の ツボ❻ 」で解いていきましょう。

① **Yes/No で答えられる疑問文にする♪**

　He is my English teacher. なので疑問文にすると、Is he your
English teacher? になります。一人称と二人称が入れ替わるのを忘れずに。

② **下線部を疑問詞に置き換えて、文頭に移動する♪（下線部の語句を上か
ら線で消す）**

　your English teacher を疑問詞 who にして、文頭（一番左）に移動さ
せます。下線部を疑問詞に置き換えたので、下線部の語句はもう使えませ
ん。上から線で消しましょう。

③ **その他の指示に従う♪**

　この問題の場合は「Mr. Green を用いて」という指示があるので、he
を Mr. Green にして、Who is Mr. Green? とします。

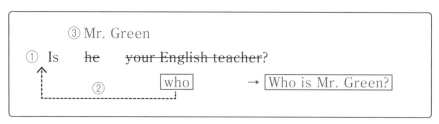

　(2) ① Yes/No で答えられる疑問文 Is she <u>Emily's aunt</u>? にして、②
下線部を疑問詞 who に置き換えて文頭に移動し、③ she を that woman

にします。

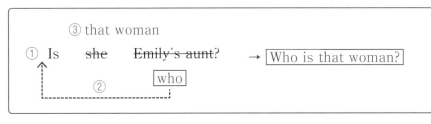

次の例題で、疑問詞の使い分けができるか確認してみましょう。

例題

次の（　　　）内に適当な語を入れ、対話を完成させなさい。
(1) A: (　　　) is this?
　　 B: It's a bus.
(2) A: (　　　) is that girl?
　　 B: (　　　) is Lucy.

解答

(1) What ／「これは何ですか」「バスです」
(2) Who / She ／「あちらの女の子はだれですか」「彼女はルーシーです」
語句　(1) bus「バス」　(2) Lucy「ルーシー [女性の名前]」

解説

　p.55 の「疑問詞 who を用いた疑問文の作り方」で、疑問文にするときは Tom を疑問詞 **who** に置き換えて、答えるときは this boy を代名詞の **he** に置き換えていますが、結局置き換えているだけで、「Tom と who は同じこと」、「this boy と he は同じこと」だとわかりますか？

Who is this boy?

He　is Tom.

言われてみればたしかにそうですね…。

●問いと答えは同じことを述べている♪
●つまり、問いと答えの主語・動詞・補語はそれぞれ対応して
いる（同じことを述べている）♪

(1)は、問いの文 A の this と答えの文 B の it が同じであること、動詞は両方 is で同じであることがわかります。そして、答えの a bus に対応する疑問詞は何かを考えると、a bus は「物」なので、「物」をたずねる疑問詞 What にすればいいと判断できますね。

同じように考えて、(2)の問いの文 A の主語はどれですか？

疑問文は主語の前に動詞 is を移動させるので、動詞の後ろが主語のはずです。なので、主語は that girl です。

そうですね。その that girl が答えの主語になるとどうなりますか？

主語は女性なので、She ですか？

そのとおりです。答えの文 B の Lucy という「人」と対応する疑問詞が何かを考えると、「人」をたずねる疑問詞 Who が正しいとわかります。

練習問題 ❷

次の（　　）内に適当な語を入れ、対話を完成させなさい。

(1) A: (　　　) is that?

B: It's a bike.

(2) A: (　　　) is this?

B: It's Lucy.

(3) A: (　　　) is that boy?

B: (　　　) is Mike.

(4) A: (　　　) is your brother's name?

B: (　　　) name is Mike.

解 答

(1) What ／「あれは何ですか」「(それは) 自転車です」

(2) Who ／「こちらはだれですか」「ルーシーです」

(3) Who / He ／「あの男の子はだれですか」「(彼は) マイクです」

(4) What / His ／「あなたの<u>お兄さん</u> [弟さん] の名前は何ですか」「(彼の
名前は) マイクです」

語句 (1) bike「自転車」 (3) boy「男の子」／ Mike「マイク〔男性の名前〕」 (4) brother
「きょうだい (兄・弟)」／ name「名前」

解 説

(1) A の主語 that に対応するのは it、B の a bike に対応する疑問詞は
What。

(2) A の主語 this に対応するのは it、B の文 Lucy に対応する疑問詞は
Who。

(3) A の主語 that boy に対応する B の文の代名詞は、「彼は」の意味の
He、B の文の Mike に対応する疑問詞は **Who**。

(4)は限定詞が多くてややこしいので、図にしてみましょう。

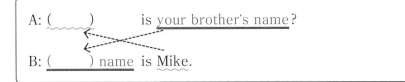

A の主語は your brother's name (あなたの<u>お兄さん</u> [弟さん] の名
前) です。これが ( ) name と同じことなのです。文の最初が ( ) です
が、後ろに名詞があるから、ここは所有格の **His** が入ります。

> **Mike は人だから、対応する疑問詞は Who でいいのです
> よね？**

それがちがうのです。(3)も(4)も Mike で、日本語にすると両方「マイ
クです」なのですが、B の文の主語を見てください。(3)は He (<u>彼は</u>) で
人物としての「マイク」、(4)は His name (<u>彼の名前</u>は) で「名前」という
物としての「マイク」なのです。よって、疑問詞は物の **What** が入ります。

次の文を英語になおしなさい。

(1) A：彼の車は新しいですか。

  B：いいえ、ちがいます。古いです。

(2) A：彼女のおじさんは、医者ですか。

  B：いいえ、ちがいます。科学者です。

(3) A：あの背の高い女性はだれですか。

  B：私の理科の先生です。

解　答

(1) Is his car new? ---No, <u>it isn't</u> [it is not / it's not]. <u>It is</u> [It's] old.

(2) Is her uncle a doctor? ---No, <u>he isn't</u> [he is not / he's not]. He
is a scientist.

(3) Who is that tall woman? ---She is my science teacher.

語句　(1) new「新しい」／ old「古い」　(2) uncle「おじ」／ doctor「医者」／ scientist「科
学者」　(3) tall「背が高い」／ science「理科」

解　説

　(1) A 主語は「彼の車」his car です。C の car に所有格がついています。
疑問文なので動詞 is を主語の前に移動します。補語は new で、形容詞な
ので前に a をつけないようにしましょう。

　B 問いの主語 his car を代名詞に置き換えると、it になりますね。No,
it isn't. のあと、日本語には書いてないですが、主語 It を補って2つ目の
文を書き始めます「**日本語に書かれていない部分を英語のルールで補おう♪**
➡ **第1節　英語のツボ⑤**」。動詞は is、補語は old「古い」ですが、後ろに名詞
はないので an は不要です。何でも an を付けてしまわないように。

Is　　his car　　new?
　　　〈所有格＋C〉
　　　　　↓
---No,　it　isn't.　It　is　old.

英語のツボ⑲

●英文を書くときは、必ず<u>主語</u>から考える。<u>主語→動詞→</u>
　<u>補語</u>の順に考える♪

(2) A 主語は her uncle「彼女のおじさん」です。Cの uncle に所有格がついています。疑問文なので動詞 is を主語の前に移動します。補語のdoctor「医者」はCです。a をつけることを忘れていませんか？

B 問いの主語を代名詞に置き換えると he です。No, he isn't [he's not]. のあと、He を補い、2つ目の文を書きます。動詞は is、補語は scientist「科学者」です。scientist はCなので a をつけます。

his と he's（＝ he is）は発音が同じなので、音をたよりに勉強していると、だんだん区別がつかなくなってきます。しかも、「's をつけると所有格になる」を思い出して、he's が he の所有格だとまちがえて覚えてしまうことも多いです。

Is　<u>her uncle</u>　　<u>a doctor?</u>
　　〈所有格＋C〉　　〈a ＋C〉
　　　　　↓
---No,　he　isn't .　　He **is** <u>a scientist.</u>
　　　　　　　　　　　　　　〈a ＋C〉

(3) A「だれですか」を見て「疑問詞は文頭だから、最初は Who」と、はじめに考えてはいけません（主語から考えなくてはならない理由は次の節でくわしく説明します）。

主語は that tall woman「あの背の高い女性」です。Cの woman にthat がついていますね。動詞は is で主語の前に移動します。補語は疑問詞 who で文頭に出します。

B 問いの主語を代名詞に置き換え、She が答えの主語です。動詞は is です。補語は「私の理科の先生」です。Cの teacher に所有格 my をつけます。

Who　is　<u>that tall woman?</u>
　　　　　〈that ＋形容詞＋C〉
<u>She</u>　is　<u>my science teacher.</u>
　　　　　〈所有格＋形容詞＋C〉

I am a teacher.
「私は教師です」

■┣■ イントロダクション ■┣■

☑ I / you の一人称・二人称の主格代名詞を覚える ▶ 1
☑ be 動詞 am / are / is を使い分ける ▶ 1
☑ be 動詞 am / are の否定文・疑問文を作る ▶ 2

今回は、一人称、二人称の**主格の代名詞**を学びます。

> **レッスン 1** I am 〜 . / You are 〜 . の文

主格と所有格を説明できますか?

> 主格は「〜は」、所有格は「〜の」です。

もう1つ説明したのを覚えていますか? **第4節** (p.55) を見てください。主格のあとは動詞、所有格のあとは名詞と説明しました。今回はここがポイントになってきます。まずは、主格のあとに動詞を書いた〈**主格＋動詞**〉を入れた代名詞の一覧表を確認しましょう。

◆**人称による主格・所有格の代名詞②**

		〈主格＋動詞〉	〈所有格（＋名詞）〉
一人称 (自分・話す人)		I am	my
二人称 (相手・聞く人)		You are	your
三人称 (話題になる人・物)	男	He is	his
	女	She is	her
	物	It is	its

今まで**動詞**はisだけでしたが、今回からis以外の動詞が登場します。amとareです。

英語は主語の人称によって動詞の形が変わります。これは日本語にはない英語の特徴です。三人称が主語の動詞はこれまで何度も出てきた**is**、一人称が主語の場合の動詞は**am**、二人称が主語の場合の動詞は**are**です。ちがう語ですが、**意味はすべて同じ**で「～です」と訳します。主語と補語をイコールでつなぐ働きをします。

　「～です」という意味の am / are/ is をまとめて**be動詞**とよびます。

英語の ツボ⑳
●**英語では、主語の人称によって動詞の形が変わる♪**

確認しよう

・I 　am a football fan. 　「私はフットボールのファンです」
　　▶主語が一人称→ am

・You　are from Osaka. 　「あなたは大阪出身です」
　　▶主語が二人称→ are

練習問題

次の英文の（　　）内に、am, are, is から適当な語を選んで書きなさい。

(1) I (　　　) a teacher.

(2) My father (　　　) from Hokkaido.

(3) You (　　　) a student.

(4) Your computer (　　　) nice.

(5) Kenji (　　　) a baseball player.

解答

(1) am ／「私は教師です」

(2) is ／「私の父は北海道出身です」

(3) are ／「あなたは学生です」

(4) is ／「あなたのコンピュータはよいです」

(5) is ／「ケンジは野球選手です」

語句　(1) teacher「先生」 (2) father「父親」 (3) student「学生」 (4) computer「コンピュータ」／ nice「すてきな：よい」 (5) baseball「野球」／ player「選手」

　英語のふつうの文は〈主語＋動詞〉の語順なので、空所の右側を見る必要はなく、主語がある左側を見れば答えがわかります。

　⑴ 主語 I「私は」は一人称なので be 動詞は am。

　⑵ 主語 My father「私の父（は）」は三人称（人）なので be 動詞は is。my father の my は一人称の所有格です。でも、そのあとに名詞が続くということは、話題になる人や物だということ、つまり三人称です。

　⑶ 主語 You「あなたは」は二人称なので are。

　⑷ 主語 Your computer「あなたのコンピュータ」は三人称（物）なので is。your computer の your は二人称の所有格ですが、your computer は三人称です。

　⑸ 主語 Kenji「ケンジ（は）」は三人称（人）なので is。

> なんだか am と are は使い道が少ない感じですね。

　まさにそのとおりです。 第2節 の人称の説明を思い出してください。英語では、「一人称と二人称は、１種類ずつの言い方しかない♪ ➡ 第2節 英語の ツボ❽ 」でしたね。それは、所有格でも主格でも同じです。一人称の主格は I だけ。だから、am を使うのは、I のときだけです。同じように、二人称の主格は you だけ。are を使うのは you だけです。

レッスン2 　be 動詞 am /are の否定文と疑問文

　be 動詞 am /are の否定文は、be 動詞のあとに not をつけて〈主語＋be 動詞＋not 〜 .〉で表します。be 動詞の疑問文は、be 動詞を主語の前に移動させて〈be 動詞＋主語 〜 ?〉の形で表します。つまり、am も are も、is と使い方は同じです。主語によって使い分けただけですから、am も are も is も同じように考えましょう ➡ 第1節 。

▶ただし、am と not の短縮形はありません。そして I は文の途中でも必ず大文字です。i という小文字は最も存在感がない文字ですから、I と大文字で書いて存在感をアピールしましょう。

確認しよう

ふつうの文		I	am		a teacher.	「私は先生です」
否定文		I	am not		a teacher.	「私は先生ではありません」
疑問文	Are	you			a teacher?	「あなたは先生ですか」
答え方	---Yes,	I	am.			「はい、そうです」
	---No,	I	am not.			「いいえ、ちがいます」

◆短縮形のまとめ

① 主語と動詞　・I am → I'm　　　・You are → You're

　　　　　　　・He is → He's　　　・She is → She's

②動詞と not　・are not → aren't　・is not → isn't

　　　　　　▶ am not は短縮できない

練習問題 ❶

次の英文を [　　] 内の指示にしたがって書きかえなさい。

(1) I am from Osaka. [否定文に]

(2) You are a tennis player. [否定文に]

(3) He is young. [否定文に]

(4) You are a baseball fan. [疑問文にして Yes で答える]

(5) That woman is Ms. Yamada. [疑問文にして No で答える]

(6) I am a good student. [疑問文にして Yes で答える]

解答

(1) I am [I'm] not from Osaka. ／「私は大阪出身ではありません」

(2) You aren't [You're not] a tennis player. ／「あなたはテニス選手ではありません」

(3) He isn't [He's not] young. ／「彼は若くありません」

(4) Are you a baseball fan? ---Yes, I am. ／「あなたは野球ファンですか」「はい、そうです」

(5) Is that woman Ms. Yamada? ---No, she isn't [she's not]. ／「あちらの女性は山田先生ですか」「いいえ、ちがいます」

(6) Am I a good student? ---Yes, you are. ／「私はよい生徒ですか」
「はい、そうです」

語句 (2) tennis「テニス」 (3) young「若い」 (4) fan「ファン」 (5) woman「女の人」
(6) good「よい」

解説

(1)(2)(3) **否定文**は be 動詞 am / are / is のあとに **not** を入れて、〈主語＋
be 動詞（am / are / is）＋ not ～ .〉の形にします。

(4) 疑問文は be 動詞 are を主語の前に移動させて、〈be 動詞＋主語 ～ ?〉の
形にします。「問いと答えでは、一人称と二人称は入れ替わる♪ ➡ 第2節
英語の ツボ❾ 」ので、問いの主語は you ですが、答えの文の主語を I に変
えて、be 動詞も are から am に変えることを忘れないでください。

(5) 主語は that woman（女性）なので、答えの文の代名詞は she を使い
ます。that だけ見て it にしませんでしたか？

(6) 答えの文は二人称 you を主語にします。

次に、少し難しい問題を出題します。

練習問題 ❷

次の英文の（　　）内には適当な be 動詞（am, are, is）を、[　　]内には
適当な語を入れ、対話を完成させなさい。

(1) A: (　　　　) you a musician?
    B: Yes, [　　　] (　　　　).

(2) A: (　　　　) your mother from Tokyo?
    B: No, [　　　] (　　　) not.

(3) A: [　　　] (　　　) I?
    B: [　　　] (　　　) my English teacher.

■解答

(1) Are / I am ／「あなたは音楽家ですか」「はい、そうです」

(2) Is / she is ／「あなたのお母さんは東京出身ですか」「いいえ、ちがいます」

(3) Who am / You are ／「私はだれでしょう」「(あなたは) 私の英語の先生です」

■語句 (1) musician「音楽家」 (2) mother「母親：お母さん」 (3) English「英語 (の)」

■解説

(1) A 主語が二人称 you の疑問文なので、be 動詞 are が空所に入ります。B「問いと答えでは、一人称と二人称は入れ替わる♪ ➡ 第2節 英語のツボ❾」ので、Yes, I am が正しいです。主語に応じて、be 動詞を使い分けることをしっかり覚えましょう。

Are <u>you</u> <u>a musician?</u>
      ↓
--- Yes, <u>I</u> am.

---

(2)「答えが No になっただけで、(1)と同じ Are と I am が正しい」とまちがえてしまう人がとても多いです。気をつけましょう。

そう答えていました。ちがうのですか？

ふつうの文では主語を見つけられるのに、疑問文になったとたんに見つけられなくなるという人は多いです。その原因はとてもシンプルで、最後まで英文を見ていないからです！ 「英文全体を見て考える♪ ➡ 第2節 英語のツボ❿」ですよ！ y を見ただけで Are と反応してはいけませんよ。

まさしく図星です。最後まで見ていませんでした。

you と your 〜 は人称がちがう、とさきほど説明しました。それに、「数えられる名詞（単数）には必ず限定詞を1つつける♪ ➡ 第3節 英語の ツボ⑭ 」から発想すれば、まずは mother に目がいくはずですよ。

　主語が your mother だから三人称、動詞は Is です。そうすると、答えの文の主語は三人称（女性）の主格 she を用います。動詞は is です。

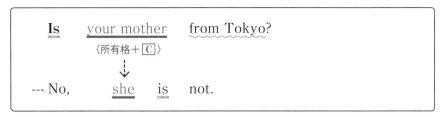

　(3) この問題は、「問いと答えは同じことを述べている♪つまり問いと答えの主語・動詞・補語はそれぞれ対応している（同じことを述べている）♪ ➡ 第4節 英語の ツボ⑱ 」がヒントです。問いの文の I という一人称は主格だから、I が主語です。なので、答えの主語は You になるはずですね。そうすると be 動詞も決まります。問いの be 動詞は am、答えの be 動詞は are です。my English teacher（私の英語の先生）に対応する疑問詞は Who「だれ」です。

```
          Who   am   I?
          
    ---         You   are   my English teacher.
```

　次の例題で一人称と二人称の be 動詞をおさらいしておきましょう。

例 題

be 動詞を用いて、次の文を英語になおしなさい。
(1) 私は彼女の妹ではありません。
(2) あなたはテニスが上手です。

▐ 解 答 ▌

(1) <u>I am</u>[I'm] not her sister.
(2) <u>You are</u>[You're] a good tennis player.

▐ 解 説 ▌

　　第**4**節 で「英文を書くときは、必ず主語から考える。<u>主語</u>→<u>動詞</u>→<u>補語</u>の順に考える♪ ➡ 第**4**節 **英語の**ツボ⓭」と言った理由はわかりましたか？動詞は主語の人称によって形を変えるわけですから、主語を書かないうちに動詞は書けないのです。

　（1）主語が「私は」なので一人称の **I** で、動詞は **am** です。補語の「妹 (sister)」は C で、その前に所有格の「彼女の (her)」をつけます。否定文なので am のあとに **not** を置きます。

　　　<u>I</u> 　am　 not 　her sister.
　　　　　　　　　　　〈所有格＋ C 〉

　（2）主語が「あなたは」なので二人称の you で、動詞は are です。ここまでは簡単ですね。さて、「テニスが上手」は、どうやって書いたらいいのかわかりますか？　次の 第**6**節 にも関連してきますので、ぜひ覚えてください。<u>補語は主語の補足説明になる**名詞**もしくは**形容詞**</u>でしたから、「テニスが上手」を「上手にテニスをする人」と考えます。「あなた」＝「上手にテニスをする人」です。「テニスをする人」tennis player はもちろん C なので、限定詞 a を忘れないでください。したがって、「上手」は限定詞と名詞の間に入る形容詞で表現します。「上手な」にあたる形容詞は **good** です。

　　　<u>You</u> 　are 　a good tennis player.
　　　　　　　　〈限定詞 a ＋形容詞＋ C 〉

---

be 動詞を用いて、次の文を英語になおしなさい。

(1) A：あなたはアメリカ出身ですか。

　　B：はい、そうです。

(2) A：あなたのおじさんはサッカーが上手ですか。

　　B：はい、上手です。

(3) A：あなたのむすこさんのバイオリンは小さいですか。

　　B：はい、小さいです。

解 答

(1) Are you from America? ---Yes, I am.

(2) Is your uncle a good soccer player? ---Yes, he is.

(3) Is your son's violin small? ---Yes, it is.

語句 (1) America「アメリカ」 (2) uncle「おじ」／ soccer「サッカー」 (3) son「むすこ」／ violin「バイオリン」／ small「小さい」

解 説

(1)A 主語は「あなた」で you、動詞は are で主語の前に移動します。出身の表し方は、〈from ＋地名〉です。from がどのような単語なのかは、**第6節** で話しますので、今は決まった表現として覚えておいてください。America は固有名詞なので、限定詞は何もつけません。

　A「問いと答えでは、一人称と二人称は入れ替わる♪ ➡ **第2節** **英語の** ツボ❾」から判断して、**Yes, I am.** になります。

Are　you　from America?
↓
--- Yes,　I　am.

　(2)A 主語は「あなたのおじさん」your uncle なので、三人称です。動詞は is で主語の前に移動します。y だけ見て are にしていませんか？

　「サッカーが上手」は **例題** でやりましたね。「あなたのおじさん」＝「上手にサッカーをする人」にします。「サッカーをする人」soccer player は **C** なので限定詞 a をつけ、a good soccer player とします。

B 答えの文は、問いの文の主語 your uncle を代名詞 he にします。

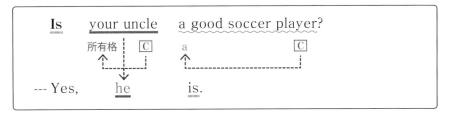

(3) A 主語は「あなたのむすこさんのバイオリン」です。「あなたの」は所有格で your、「むすこさんの」は son に 's（アポストロフィ＋ s）をつけます。[C] の violin に son's（所有格）が、そのもとになる son に your がついていることを確認してください。your son's violin は三人称なので、動詞は is、補語は形容詞 small です。うしろに名詞がないので、a がついていないことを確認してください。

B 問いの文の主語 your son's violin は物なので代名詞は it です。「あなたのむすこ」だけを見て he にしないように注意してください。

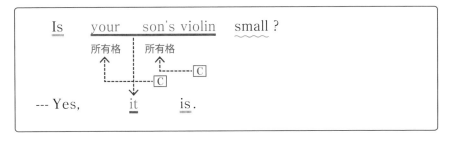

I play tennis well.
「私は上手にテニスをします」①

■■ イントロダクション ■■

☑ 英語の動詞には be 動詞と一般動詞がある **0**
☑ 一般動詞の文を作る **1**
☑ 一般動詞の否定文を作る **2**
☑ 一般動詞の疑問文を作る **2**
☑ 一般動詞の疑問文の答えの文を作る **2**
☑ 一般動詞の文と be 動詞の文を区別する **2**
☑ 形容詞と副詞の働きを区別する **3**

今回からは一般動詞について学びます。

> レッスン**0**　動詞の分類：be 動詞と一般動詞

> そろそろ「〜です」の文に飽きてきました。「〜です」って、正直、あんまり動詞らしくないし…。「食べる」とか「読む」とか、そろそろ動詞らしい動詞を使いたいです。

　be動詞が動詞らしくないって、すごくいい感覚ですね。のちのち、その感覚が大事になってきますよ。

　さあ、今回からは動詞らしい動詞を勉強していきましょう。「食べる」や「読む」などの動詞を一般動詞といいます。一般動詞には、play「〜をする」、study「〜を勉強する」、speak「〜を話す」、have「〜を持っている」「〜を食べる」など、さまざまな語があります。

　今まで学んできたam / are / isはbe動詞、be動詞以外の動詞を一般動詞と呼んで分類します。一般動詞は動作を表すものと覚えている人がいますが、動作を表さず意味的にはbe動詞に近いものもあるので注意してください。

英語の ツボ㉑
● be 動詞以外の動詞は一般動詞♪

◆主な一般動詞

「動作」を表す一般動詞	
play「(スポーツ・演奏) をする」	watch「〜を見る」
study「〜を勉強する」	clean「〜をそうじする」
speak「〜を話す」	help「〜を手伝う」
have「〜を食べる」	read「〜を読む」
eat「〜を食べる」	
「状態」を表す一般動詞	
have「〜を持っている」	like「〜を好む [〜が好きだ]」
know「〜を知っている」	

be動詞と一般動詞は、あくまでも否定文、疑問文の作り方のちがいによる分類です。2年生の1学期くらいまでは、否定文・疑問文を自由に作れることが、学習の大きな目標になりますので、動詞をbe動詞と一般動詞に分けて考えることはとても重要です。

レッスン 1 　一般動詞の文

第1節 で英語の基本語順の話をしましたね。覚えていますか？

▶英文の公式

<u>主語</u>　　<u>動詞</u>　　X
　　　　　　　　主語と動詞では足りない情報を補う部分

これをもとに、<u>一般動詞の英文の公式</u>を書いてみます。

▶一般動詞の英文の公式

<u>主語</u>　　　<u>動詞</u>　　　<u>目的語</u>　　　(修飾語)
「〜は」　　「〜する」　　「〜を」　　　(飾り)

be動詞の文では、動詞のあとの**X**を補語と呼びましたが、**一般動詞の文では、動詞のあとの**X**を目的語**と呼びます。多くは「～を」にあたるものです。

　第**1**節で、主語が「私は」で動詞が「持っている」なら「何を持っているの？」と聞きたくなるという話をしたのを覚えていますか？　その「～を」の部分こそ目的語です。

　主語や動詞、目的語は、英文になくてはならないもの、人間でいうと心臓や脳のようなものです。つまり、それらがないと、英文として認められないというものです。一方、**修飾語**は文字どおり「飾り」なので、あってもなくても大丈夫なものです。人間でいうと服やアクセサリーのようなものと考えてください。なくても生きていけるし、たくさん身に着けることもできます。一般動詞の文では修飾語をともなうことが多いので、（　）をつけて公式のなかに書いています。

　では、「いつも英文を３つの部分に分けて考えるクセをつける♪英文全体を見て考える♪ ➡ 第**2**節 **英語の** ツボ⑩」を補足して書き直します。

英語の ツボ㉒
●いつも英文を、**主語、動詞、目的語、（修飾語）**に分けて
　考えるクセをつける♪

　be動詞の説明のときに、「補語に代入できる単語は**名詞**と**形容詞**である」と伝えたように、一般動詞も<u>目的語</u>や<u>修飾語</u>にどんな単語が代入できるのかを、あらかじめ理解しておくことがとても大切です。

　それでは、次の２つの例文を見てください。

確認しよう

・I	play	tennis	well.	「私は上手にテニスをします」
<u>主語</u>	動詞	目的語	（修飾語）	
・I	play	tennis	at school.	「私は学校でテニスをします」
<u>主語</u>	動詞	目的語	（修飾語）	

　上の文を「一般動詞の英文の公式」にあてはめると目的語はtennisです。品詞はわかりますか。

品詞… 第3節 で習ったやつですね……。
え～っと、tennis だから「名詞」ですか？

　すばらしいです！　先ほど、**目的語**の多くは「**～を**」にあたるものといいましたから、「～」の部分には**名詞**が入ります。

修飾語の well とか at school は、いったいどんな品詞なのですか？

　これらは一般動詞で初めて登場する品詞ですね。
　wellは**副詞**です。副詞は動詞を修飾するものです。at schoolのatは**前置詞**です。前置詞は、「前に置く詞」と書いてありますが、何の前に置くかというと、**名詞**の前に置く品詞です。ですから、〈**前置詞＋名詞**〉はいつもこれでひとまとまりと覚えましょう。atは「**～で**」という場所を表しています。日本語の助詞のような働きです。日本語の「学校で」を、英語では「で＋学校」の順に単語を並べるので、日本語とは語順がちがいますね。ちなみに、出身を表したfromは「**～出身の**」にあたる**前置詞**でした ➡ 第5節 。

　では、代入できる品詞を書き加えて、一般動詞の公式をもう一度書いてみます。今後は一般動詞が学習の中心になりますので、必ず頭に入れてください♪

▶一般動詞の英文の公式

名詞	動詞	名詞	副詞 ／ 前置詞＋名詞
主語	**動詞**	**目的語**	**（修飾語）**
「～は」	「～する」	「～を」	（飾り）

◆修飾語に使われる主な語句

〈前置詞＋名詞〉	副詞
at school「学校で」	well「上手に」
after school「放課後」	hard「一生懸命に」
in my hand「手の中に」	very much「とても」
on Monday「月曜日に」	every day「毎日」
for dinner「夕食に」	
before school「授業の前に」	

▶前置詞については、あとの節でくわしく解説します。

練習問題

次の日本語に合うように、(　　　)内の語句を並べかえなさい。

(1) 私はトムを知っています。　　　　(know / Tom / I).

(2) トムをあなたも知っています。　　(know / Tom / you), too.

(3) 私はフランス語を上手に話します。(French / I / well / speak).

(4) 私は一生懸命に数学を勉強します。(hard / math / I / study).

(5) 私はサッカーを放課後にします。(soccer / after school / play / I).

(6) 私は手にペンを持っています。　(in my hand / a pen / I / have).

解 答

(1) I know Tom.

(2) You know Tom, too.

(3) I speak French well.

(4) I study math hard.

(5) I play soccer after school.

(6) I have a pen in my hand.

語句 (1) know「〜を知っている」 (2) too「〜も」 (3) speak「〜を話す」／French 「フランス語」／well「上手に」 (4) study「〜を勉強する」 (5) play「〜をする」／soccer「サッカー」／after school「放課後に」 (6) in my hand「手に」

■解説▶

(1)と(2)、(3)と(4)、(5)と(6)はセットなのですが、気づきましたか？　日本語は、述語さえ最後にあれば、その他の語順は比較的自由度が高いです。しかし、英語は〈主語＋動詞＋目的語（＋修飾語）.〉という公式通りに単語を並べなければなりません。

(1)・(2)「トムを」は主語ではありませんね。(2)では You を主語にできましたか？　最後の ", too" は「～も」という意味です。

(1)	I	know	Tom.
(2)	You	know	Tom, too.

(3)・(4)「フランス語を上手に」「一生懸命に数学を」などの日本語の語順に関係なく、英語は動詞のあとに目的語「～を」にあたる名詞を置きます。hard は「一生懸命に」という意味の副詞です。

(3)	I	speak	French （well）.
(4)	I	study	math （hard）.

(5)・(6)「サッカーを放課後に」「手にペンを」、これも(3)・(4)と同様です。日本語の語順とは無関係に、動詞のあとには、「～を」にあたる名詞を置いてください。after は「～のあとに」、in は「～の中に」の意味で、どちらも前置詞です。

(5)	I	play	soccer （after school）.
(6)	I	have	a pen （in my hand）.

では次に、■1で学習した一般動詞の文を使って、「～しません」という否定文と「～しますか」という疑問文の作り方を勉強していきましょう。

一般動詞の否定文は、動詞の前にdo notを置きます。do notはdon'tと短縮できます。ふつう、don'tが使われることが多いです。

確認しよう

▶**一般動詞の否定文の作り方**

動詞の前に do not を置く〈主語＋ do not[don't] ＋動詞～ .〉

| ふつうの文 | I | | play tennis. | 「私はテニスをします」 |
| 否定文 | I | don't[do not] | play tennis. | 「私はテニスをしません」 |

一般動詞の疑問文は、主語の前にdoを置きます。答えの文でも、doを用います。

確認しよう

▶**一般動詞の疑問文の作り方**

主語の前に Do を置く〈Do＋主語＋動詞～ ?〉

ふつうの文　　You play tennis.　　　　　　　「あなたはテニスをします」

疑問文　　Do you play tennis?　　　　　　「あなたはテニスをしますか」

　　　　　▶主語の前に do を置く

答えの文　　　--Yes, I do. ／ No, I don't.　「はい、します」／

　　　　　　　▶答えの文でも do を用いる　　「いいえ、しません」

be動詞の文の否定文・疑問文と比べてみましょう。

	一般動詞の文	be 動詞の文
ふつうの文	I　　　play tennis.	I am　　　a teacher.
否定文	I don't play tennis.	I am not a teacher.
疑問文	Do　　you　　play tennis? ―Yes, I do. / No, I don't.	Are　you　　　a teacher? ―Yes, I am. / No, I'm not. 　　　　　　　　　　　(am not)

たしかに be 動詞の文と一般動詞の文では、否定文・疑問文の作り方がちがいますね。be 動詞のときに do は登場しませんでした。

　そのとおりです。ただし、今、doの正体を説明するとややこしくなってしまうので、あとの節で説明します。この場では、doは一般動詞といっしょに用いるものとだけ覚えておいてください。そしてdoはbe動詞とはいっしょに使えません。これはとても大切なことです。

　もう1つ気をつけてほしいのが、英文に動詞は1つしか入れられないということです。be動詞の公式にも、一般動詞の公式にも、動詞は1つしかありませんでしたね。一般動詞を勉強すると、疑問文を作るときに〈Are you 〜？〉なのか、〈Do you 〜？〉なのか迷ってしまうという人がいますが、「英文中に動詞は1つ」というルールを守っていれば難しいことではありません。

× Are you play baseball?
これは動詞が2つあります。are と play だから×です。

× Do you from Japan?
これは動詞が1つもありません。from は前置詞でしたね。×です。

英語の ツボ㉓
●**英文中に動詞は1つ♪**

また、答えの文についても何か気づきましたか？　be動詞を疑問文に するときは、be動詞を主語の前に移動して、答えの文でもbe動詞を使い ました。一般動詞を疑問文にするときは、doを主語の前に置いて、答え の文でもdoを使いました。これらも大事なポイントなので覚えておいて ください。

英語の ツボ㉔
●答えるときは、疑問文を作るときに主語の前に出した語を 用いる♪

■ 練習問題 ❶
次の英文を [　　] 内の指示にしたがって書きかえなさい。

(1) I watch TV. ［否定文に］

(2) I like music very much. ［否定文に］

(3) I am from China. ［否定文に］

(4) You eat breakfast. ［疑問文にして Yes で答える］

(5) You clean your room on Sunday. ［疑問文にして No で答える］

(6) You are a good tennis player. ［疑問文にして No で答える］

■ 解答
(1) I do not[don't] watch TV. ／「私はテレビを見ません」

(2) I do not[don't] like music very much. ／「私は音楽があまり好き ではありません」

(3) I am[I'm] not from China. ／「私は中国出身ではありません」

(4) Do you eat breakfast? ---Yes, I do. ／「あなたは朝食を食べますか」 「はい、食べます」

(5) Do you clean your room on Sunday? ---No, I do not[don't]. ／ 「あなたは日曜日に自分の部屋をそうじしますか」「いいえ、しません」

(6) Are you a good tennis player? ---No, I am[I'm] not. ／「あなたは テニスが上手ですか」「いいえ、上手ではありません」

語句　(1) watch「～を見る」　TV「テレビ」　(2) like「～が好きだ」／ music「音楽」／ very much「とても」　(3) China「中国」　(4) eat「～を食べる」／ breakfast「朝食」　(5) clean「～ をそうじする」／ on Sunday「日曜日に」　(6) a good tennis player「上手なテニス選手」

解 説

> あれ？　早速、be 動詞の文と一般動詞の文が
> 混ざっていませんか？

　混ざっていることがわかるということは、すでに be 動詞の文と一般動詞の文が区別できている証拠ですね。すばらしいです！

　「主語のあとには、述語にあたる動詞がくる♪ ➡ 第**1**節 英語の ツボ**3**」「英文中に動詞は1つ♪ ➡ 英語の ツボ㉓ 」「be 動詞以外の動詞は一般動詞♪ ➡ 英語の ツボ㉑ 」、これらがわかっていれば、be 動詞の文か一般動詞の文かが区別できますよ。

　(1) 主語 I のあとの watch「〜を見る」は一般動詞です。一般動詞の否定文にするので、動詞 watch の前に don't[do not] を置きます。

　(2) 主語 I のあとの like「〜が好きだ」は一般動詞です。very much は「**とても**」の意味で like を修飾する副詞です。

▶正式には、動詞を修飾する副詞 much を副詞の very で修飾しています。very は前から形容詞や他の副詞を修飾する副詞です。否定文の中で very を用いると、「あまり〜ない」という意味になります。

　(3) 主語 I のあとの am は be 動詞です。be 動詞の否定文にするので、be 動詞のあとに not を入れます。

　(4) 主語 you のあとの eat「〜を食べる」は一般動詞です。一般動詞の疑問文にするので、主語の前に do を置きます。答えるときも do を使います。

　(5) 主語 you のあとの動詞 clean「〜をそうじする」は一般動詞です。

▶ on Sunday は「日曜日に」という意味の〈前置詞＋名詞〉です。

　(6) 主語 you のあとの are は be 動詞です。be 動詞の疑問文にするので、be 動詞を主語の前に移動させます。答えるときも be 動詞を使います。

　少し難しい例題を解いて、be 動詞と一般動詞の文のちがいをおさらいしていきましょう。

次の英文の（　　）内から適当な語を選びなさい。

⑴ (Are, Do) you study science?

⑵ (Are, Do) you popular in your class?

解 答

⑴ Do ／「あなたは理科を勉強しますか」

⑵ Are ／「あなたはクラスで人気がありますか」

語句　⑴ study「〜を勉強する」／science「理科」　⑵ popular「人気のある」／class「ク
ラス」

解 説

練習問題❶ では、英文全体が見えていたので、am ／ are ／ is がある
かないかで、be 動詞の文か一般動詞の文か見分けがつきました。この問
題は、それを自力で判断しなければならないわけです。

> では、どうやって見分けたらいいのですか？

一般動詞と be 動詞の疑問文を並べた図をもう一度見てみましょう。

◆ be 動詞の疑問文と一般動詞の疑問文

主語のあとの品詞：一般動詞の文→動詞、be 動詞の文→動詞以外

一般動詞の文	Do	you	play	tennis?
be 動詞の文	Are	you		a tennis player?

↑主語のあとの品詞を見る

先ほども説明しましたが、be 動詞の疑問文の場合は、主語のあとに動
詞がなくなり、一般動詞の場合は、動詞そのものは主語のあとに残ってい
ます。つまり、主語のすぐ右側に動詞があれば Do、動詞がなければ Are
が文頭にくるということになります。

(1) 主語 you のあとは study「～を勉強する」という一般動詞なので、Do が入ります。

(2) 主語は(1)と同じく you です。

> そのあとの単語、**popular** は初めて見た単語です。

品詞は形容詞です。それで答えはわかりますか？

> 形容詞ということは、名詞の前につく **new** や **old** の仲間で、動詞ではないってことですよね？　ということは主語のあとに動詞がない！　つまり、答えは **Are** です。

すばらしいです！　popular は「人気のある」という意味の**形容詞**です。be 動詞の文も、補語のあとに in your class「～あなたのクラスの中で」などの、〈前置詞＋名詞〉の修飾語を置くことが可能です。

> 品詞って、なんだか難しい言葉に思えて苦手でしたが、品詞がわかると、ちゃんと理由を考えながら問題に答えられて楽しいです。

まさにそのとおりですね。 第6節 にして、英語学習で一番大事なことに気づきましたね。

英語の ツボ㉕
●品詞がわかるようになると、英語がわかってくる♪

練習問題 ❷
次の英文の（　　）内から適当な語を選びなさい。
(1) (Are, Do) you know Ken's father?
(2) (Are, Do) you a basketball fan?

(1) Do ／「あなたはケンのお父さんを知っていますか」

(2) Are ／「あなたはバスケットボールのファンですか」

語句　(1) know「〜を知っている」　(2) basketball「バスケットボール」／ fan「ファン」

解 説

(1) 主語 you のあとは know「〜を知っている」という一般動詞です。

(2) 主語 you のあとに a があるということは、ここから名詞のかたまりが始まるということです。be 動詞の文と判断できます。

レッスン③　形容詞と副詞の働き

　品詞が大事だと気づいてくれたところで、今までに出てきた品詞を使って、英語の基本的な考え方を勉強します。

　第5節 の 例題 で、「テニスが上手」を日本語で別の表現に言い換えたのを覚えていますか。

> 「上手にテニスをする人」と言い換えましたね。

　はい、覚えていてくれて、とてもうれしいです！

　「私はテニスが上手だ」という文は、①一般動詞を用いる言い方、②be 動詞を用いる言い方の2通りの英文で表すことができます。次の2つの英文は英語の基本を理解するうえでとても重要です。

確認しよう

一般動詞	I play tennis well.	「私は上手にテニスをします」
be 動詞	I am a good tennis player.	「私は上手にテニスをする人です」

　一般動詞のほうは、この節でずっとやってきたのですぐにわかりますね。主語は I「私は」、動詞は play「（スポーツ）をする」、目的語は tennis「テニス」、そして修飾語は well「上手に」という文です。

さて、be動詞を使った文はどうでしょう。 第**5**節 の 例題 の解説を思い出してください。「私」＝「上手にテニスをする人」と考えます。「テニスをする人」はtennis player。□C□なのでaが必要です。名詞は形容詞で修飾されるので、「上手」は形容詞のgoodを用い、I am a good tennis player.になります。

あれ？　「上手」が2種類あるのですね。
well と **good** で何がちがうのですか？

もうわかるはずですよ。**品詞がちがう**のです。一般動詞の公式とbe動詞の公式に当てはめて、文の構造を確認しましょう。wellは動詞を修飾する副詞、goodは前から名詞を修飾する形容詞です。

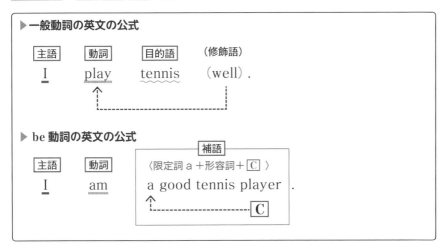

▶一般動詞の英文の公式

| 主語 | 動詞 | 目的語 | （修飾語） |
| I | play | tennis | （well）. |

▶be動詞の英文の公式

| 主語 | 動詞 | 補語 〈限定詞a＋形容詞＋□C□〉 |
| I | am | a good tennis player . |

英語の ツボ㉖
●名詞は形容詞で修飾され、動詞は副詞で修飾される♪

このような品詞の理解は英語の基本的な考え方であり、学年が上がるにしたがって、英語学習の中心になっていきます。なので、今この時点で、この2つの英文を正しく書けるということは、とてもすごいことなのです。

▶ちなみに、playerという名詞は動詞playのあとにerをつけただけです。〈動詞＋er〉で「～する人」という名詞を作ることができます。先生のteacherは、「～を教える」という意味の動詞teachにerをつけたものです。「ランナー」や「シンガー」、「キャッチャー」、「ピッチャー」もすべて動詞にerをつけてできた名詞です。

今回は説明が多く、とても難しい内容になってしまいましたが、最後に**名詞**と**動詞**、**形容詞**と**副詞**の理解を深めておきましょう。一般動詞とbe動詞の否定文・疑問文の復習でもあります。

チャレンジ問題

次の文を、①一般動詞を用いた文、②be動詞を用いた文、それぞれ2つの英語になおしなさい。

(1) 私は英語の教師です。

(2) あなたは上手に英語を話しますか。

(3) 私はサッカーがあまり上手ではありません。

解答

(1) ① I teach English.

　　② I am[I'm] an English teacher.

(2) ① Do you speak English well?

　　② Are you a good English speaker?

(3) ① I don't[do not] play soccer very well.

　　② I am[I'm] not a very good soccer player.

語句 (1) English「英語 (の)」／ teach「〜を教える」／ teacher「教師」 (2) speak「〜を話す」

解説

(1) ①は「私は英語を教えています」と考えて、一般動詞 teach を使います。「英語」にあたる English は U なのでそのまま使いますが、English teacher は teacher が C なので、an を忘れないようにしましょう。

---

① I teach English.

② I am an English teacher.
　　〈限定詞 an ＋形容詞＋ C 〉

---

(2) be 動詞を使う場合は「あなたは上手な英語の話し手ですか」と考えて
　　英語にします。(1)と同様、English speaker は speaker が C なので、
　　a を忘れないようにしましょう。

> ① Do <u>you</u>　speak　English　(well)?
> ② Are　<u>you</u>　a good English speaker?
> 　　　　〈限定詞 a ＋形容詞＋ C 〉

(3)「あまり〜ない」は、否定文で very を用いたときの訳し方でしたね。英
　　語で書くときは、「あまり」を「とても」に置き換えると書きやすいかも
　　しれません。

> ① <u>I</u>　don't　play　soccer　(very well).
> ② <u>I</u>　am　not　a very good soccer player.
> 　　　　〈限定詞 a ＋形容詞＋ C 〉

I play tennis well.
「私は上手にテニスをします」②

■■ **イントロダクション** ■■

☑ 疑問詞を使った一般動詞の疑問文を作る ▶①
☑ 疑問詞を使った一般動詞の疑問文の答えの文を作る ▶①
☑ What do you do?「何をしますか」の疑問文を作る ▶②
☑ What 〜 do you like?「どんな〜が好きですか」の疑問文を作る ▶③

今回は **第6節** に引き続き、一般動詞の文を勉強しましょう。

レッスン **1**　**What / Who を使った一般動詞の疑問文**

第6節 では、Yes / No で答えられる一般動詞の疑問文までを学びました。
今回は疑問詞を使った一般動詞の疑問文の作り方を学びます。

まずは、例題から始めましょう。

例題

次の文を、英語になおしなさい。
あなたは手に何を持っていますか。--- ペンです。

解答

What do you have in your hand? --- I have a pen in my hand.

解説

　問いの文と答えの文の関係で、大事なことがありましたね。「問いと答えは同じことを述べている♪ ➡ **第4節** **英語の ツボ⑱**」と「英文を書くときは、必ず主語から考える♪ ➡ **第4節** **英語の ツボ⑲**」です。

　また、一般動詞の場合は、「主語・動詞・目的語・修飾語はそれぞれ対応している（同じことを述べている）」「主語→動詞→目的語→修飾語、の順に考える」ということも重要です。

　問いと答えは同じことを述べているので、問いと答えのどちらから考えてもよいことになりますが、英作文の場合は、問いから考えるほうがよいでしょう。

ここでの問いの主語は you「あなたは」、動詞は have「～を持っている」で、一般動詞の疑問文なので、主語の前に do を置きます。Do you have の形ができました。さて、**目的語**は何ですか？

> 「手」ですか？

そうでしょうか？　目的語は「～を」にあたる名詞でしたよね。「～を」がついているのはどこですか？

> 「何を」です！

そうですね。「何を」が目的語です。疑問詞は文頭に移動させるので、What do you have、ここまでできました。

このあとに修飾語がつきます。修飾語になれる品詞は何でしたか？

> えっと……副詞と〈前置詞＋名詞〉でしたか？

そうです。「手に」は、〈前置詞＋名詞〉ですね。「手の中に」ということなので、in your hand と表します。日本語には「あなたの」とは書いてないけれど、hand をそのままで使わないでくださいね。hand は C です。「あなたが持っている」のだから、当然「手」は「あなたの手」です。

さあ、What do you have in your hand? と問いの文ができました。では、これに対する答えを考えましょう。「ペンです」は英語にすれば、どうなりますか？

> It's a pen. pen は C なので、
> ちゃんと a をつけましたよ！

前に、「何でも an をつけてしまうまちがい」について触れましたが、ここでも「何でも It's で答えてしまうまちがい」について触れないといけませんね。

第1節 で It's an orange.「オレンジです」が答えとして正しかったのは、問いが What's this? だったからですよ。今回の問いの文で質問されてい

る内容は全然ちがうので、答えの文だけを切り離して英作文しようとしてはいけません。

このような落とし穴にはまらないように、最初に「問いと答えは同じことを述べている♪→ 第**4**節 英語の ツボ⑱」を確認したのです。

> 答えの文だけを見て、作文してはダメですね。

「問いの主語が you だから答えの主語は I、問いの動詞は have だから答えでも have を使い、目的語は what だったから、これが a pen になる」と考えるということです。よって、I have a pen in my hand. が答えになります。in your hand は修飾語なので、答えの文で省略しても大丈夫です。ただし、主語、動詞、目的語は必ず書いてください。

今度は、答えの文がわかっていて、問いの文だけを作る例題をやってみましょう。

例 題

次の英文の下線部が答えの中心になる疑問文を作りなさい。
(1) I have a pen in my hand.
(2) I help Ms. Yamada.

解 答

(1) What do you have in your hand? ／「あなたは手に何を持っていますか」
(2) Who do you help? ／「あなたはだれを手伝いますか」

語句 (2) help「〜を手伝う」

解 説

be 動詞で何度も「疑問詞を用いた疑問文の作り方」を勉強しましたね。同じ手順で英作文します。

(1) 下線部が a pen と物なので、「何を」という意味の what を使った疑問文を作ります。

▶疑問詞 what を用いた疑問文の作り方

① Yes / No で答えられる疑問文にする。

　　▶一人称と二人称が入れ替わることを忘れずに。

② a pen を疑問詞 what に置き換えて、文頭に移動する。

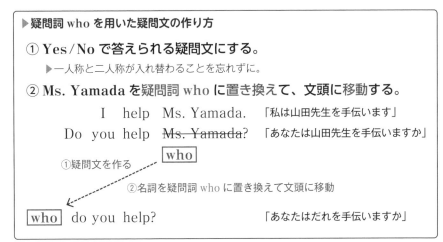

　　　　　I　have　a pen in my hand.「私は手にペンを持っています」
　　Do　you　have　~~a pen~~ in your hand?

　　　　　　　　　what　　　　　　　「あなたは手にペンを持っていますか」
　①疑問文を作る

　　　　　②名詞を疑問詞 what に置き換えて文頭に移動

　what do you　have　in your hand?「あなたは手に何を持っていますか」

(2) 今度は下線部が Ms. Yamada と人なので、「だれを」という意味の who を使った疑問文を作ります。

▶疑問詞 who を用いた疑問文の作り方

① Yes / No で答えられる疑問文にする。

　　▶一人称と二人称が入れ替わることを忘れずに。

② Ms. Yamada を疑問詞 who に置き換えて、文頭に移動する。

　　　　　I　help　Ms. Yamada.　　「私は山田先生を手伝います」
　　Do　you　help　~~Ms. Yamada~~?　「あなたは山田先生を手伝いますか」

　　　　　　　　who
　①疑問文を作る

　　　　　②名詞を疑問詞 who に置き換えて文頭に移動

　who　do you　help?　　　　　　「あなたはだれを手伝いますか」

　Yes / No で答えられる疑問文を作るときは、頭で考えるだけでなく、必ず書いてください。Do you なのか、Are you なのか、まだまだ不安な時期です。これからもいろいろなタイプの文が出てくるので、疑問文を作るときに、主語の前に何を置くか、これだけに意識を集中する時間を作りましょう。

　下線部をたずねる疑問詞の疑問文を作る問題は難しいですが、「置き換え」と「移動」の練習をすることができるので、しっかり取り組んでください。

次の英文の下線部が答えの中心になる疑問文を作りなさい。

(1) I eat <u>bread</u> for breakfast.

(2) I help <u>my mother</u> every day.

■ 解 答 ■

(1) What do you eat for breakfast? ／「あなたは朝食に何を食べます
か」

(2) Who do you help every day? ／「あなたは毎日だれを手伝います
か」

■ 語句 ■ (1) eat「～を食べる」／ bread「パン」／ for breakfast「朝食に」 (2) every day
「毎日」

■ 解 説 ■

■ 例題 ■ でやった「疑問詞を用いた疑問文の作り方」の**置き換え**と**移動**の
ルールで解いていきましょう。①Yes / No で答えられる疑問文にして、
②下線部を疑問詞に置き換えて文頭に移動します。

(1) for breakfast は「朝食に」の意味の〈前置詞＋名詞〉です。

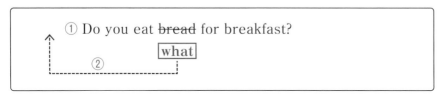

(2) your mother は「人」なので、置き換える疑問詞は who になります
ね。every day は「毎日」という副詞だと思っておいてください。

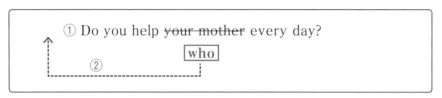

レッスン2 「何をしますか」What do you do? の文

まずは、例題をやってみましょう。

例題

次の文を、英語になおしなさい。
あなたはたいてい日曜日に何をしますか。
--- 自分の部屋をそうじします。

解答

What do you usually do on Sunday? --- I usually clean my room (on Sunday).

語句 usually「たいてい」／ on Sunday「日曜日に」／ clean「～をそうじする」／ room「部屋」

解説

主語は「あなたは」you ですが、動詞は何でしょう？

> 動詞は「～をする」なので、play ですか？

play は「～をする」と訳しますが、球技をするときに用いる「～をする」です。「何をする」とたずねるときは、**do**「～**をする**」という一般動詞を用います。

一般動詞の疑問文なので、主語の前に do を置きます。次に目的語の what「何を」を文頭に置きます。「日曜日に」は〈前置詞＋名詞〉で on Sunday で表します。これで What do you do on Sunday? の形が出来上がります。「たいてい」はまだ習っていないので、このあとに説明しますが、まずはここまで理解できましたか？

> 「～をする」の動詞は do ですか？　do は一般動詞の疑問文のときに、主語の前に置く単語ではなかったですか？

たまたま同じ形なので、わかりにくいですよね。
はじめの do は一般動詞の疑問文を作るためのものですが、あとの do

は「〜をする」という意味での一般動詞です。What と do を使った疑問文には、どんな一般動詞を使って答えてもよいことになります。

What do you do on Sunday?

一般動詞の疑問文を作るためのもの↑　　　↑「〜をする」という意味の一般動詞

最後に「たいてい」を入れましょう。「たいてい」は、頻度を表します。頻度を表す副詞を、頻度の高い順に4つ覚えましょう。always（いつも）、usually（たいてい）、often（よく）、sometimes（ときどき）の4つです。

◆頻度を表す語

多い＞＞＞＞＞頻度＞＞＞＞＞少ない			
always	usually	often	sometimes
いつも	たいてい	よく	ときどき

これら頻度の副詞は、主語から始まる文の not の位置に入ります。not の位置とは、下の図でも説明しているように、否定文をつくったときに not が入る位置のことを指します。ここからわかるように、not の品詞は実は副詞です。つまり、動詞を否定するのだから、動詞を修飾しているともいえます。「主語から始まる」とただし書きをつけたのは、最初の do のあとに入れないでね、という注意からです。

主語は you と I（「問いと答えでは、一人称と二人称は入れ替わる♪➡第2節 英語のツボ❾」）、動詞は do と clean、目的語が what と my room で、問いと答えの文が対応しました（「問いと答えは同じことを述べている♪➡第4節 英語のツボ⓭」）。

▶ **練習問題** ◢

次の文を英語になおしなさい。

(1) A：あなたは夕食後、よく何をしますか。
　　B：テレビを見ます。
(2) A：あなたは授業の前に、いつも何をしますか。
　　B：本を読みます。

▶ **解 答** ◢

(1) What do you often do after dinner? --- I watch TV.
(2) What do you always do before school[class]? --- I read a book.

▶ **語句** ◢ (1) after「〜のあとに」／ dinner「夕食」／ watch「〜を見る」／ TV「テレビ」

(2) before「〜の前に」／ school「授業」／ read「〜を読む」／ book「本」

▶ **解 説** ◢

(1) dinner は U なので、限定詞はなしで大丈夫です。ここでのテレビは
　「テレビ放送」の意味なので、TV は U です。
(2)「授業」の意味で使う school は学校（建物）の意味ではないので、U
　です。book は C なので、a を忘れないでください。

▶ レッスン**3** 「どんな〜が好きですか」 What 〜 do you like? の文

まずは、例題をやってみましょう。

▶ **例 題** ◢

次の文を、英語になおしなさい。
あなたはどんな音楽が好きですか。
--- ポップス（pop music）です。

▶ **解 答** ◢

What music do you like? --- I like pop music.

今まで習ってきた疑問詞は what「何」と who「だれ」でした。今回は「どんな」という日本語ですが、使う単語は what で大丈夫です。新しい内容なのでできなくて当然ですが、考えながら解いていきましょう。

> 今までの疑問文からすると、**What do you** から始まりますよね。疑問詞のあとに疑問文の語順が続くと考えて、**What do you like music?** で合っていますか?

はい、残念ながら典型的なまちがいです。なぜまちがいなのかを説明しますね。

Do you have a pen in your hand? から a pen をたずねる疑問文を作ったことを思い出してください。a pen を what にして文頭に移動したのですから、have の右側には目的語がなくなっていますね。つまり、疑問詞 what は (who も同じです)、名詞を置き換えて前に移動しているので、疑問詞より右側を見ると、名詞が1つ足りない文になっているのです。

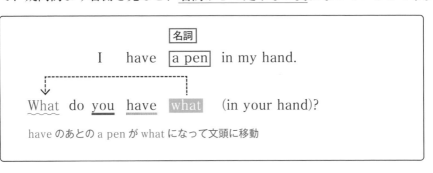

名詞

I　have　a pen　in my hand.

What　do you　have　what　(in your hand)?

have のあとの a pen が what になって文頭に移動

> 名詞が1つ足りないって、
> 何を基準に「足りない」のですか?

いつもの「一般動詞の公式 (主語・動詞・目的語・(修飾語))」です。動詞のあとには、目的語にあたる名詞が必要なのにない、これが「名詞が足りない」ということです。

英語の ツボ㉗
● what / who のあとは、名詞が1つ欠けた文が続く♪

96

What is this? の文もそうなっていますよね。what より右側を見ると、補語にあたる名詞が欠けています。これこそが<u>置き換え</u>と<u>移動</u>が<u>大切</u>だといっている理由です。

↓ be 動詞の補語にあたる名詞がここにはない

<u>What</u>　<u>is</u>　<u>this</u>　　　？

これで、× What do you like music? がおかしい文だということがわかりましたか？

> 疑問詞より右側を見ると、主語も目的語もあって、名詞がそろっています。それなのに、**what** を使っているからおかしいのですね。

日本語の問題文に「どんな音楽」と書かれているように、「どんな」と「音楽」はつながっていますよね。実は what には名詞を修飾する働きがあって、what music とすることができます。What do you といった音だけで覚えている人、疑問詞のあとには疑問文の語順を続けるものだとばかり覚えている人たちには、理解しづらいと思います。

最後に、答えの文を見てみましょう。

問いの主語が you なので、答えの主語は I です。問いの動詞が like なので、答えの動詞も like です。問いの目的語が what music なので、答えの目的語が pop music です。

▶「どんな〜が好きですか」の疑問文

〈What ＋ 名詞 ＋ do you like?〉

What music　do　you　like　what music？

I　like　pop music.

次の日本語に合うように（　　）内の語を並べかえなさい。

(1) あなたはどんな教科を毎日勉強しますか。

　　(subject / you / what / do / study) every day?

(2) あなたは放課後、どんなスポーツをしますか。

　　(you / sport / play / do / what) after school?

■ 解 答

(1) What subject do you study every day?

(2) What sport do you play after school?

■語句　(1) subject「教科」／ study「〜を勉強する」　(2) sport「スポーツ」／ after school「放課後」

■ 解 説

(1) what subject「どんな教科」が study の目的語で文頭に移動します。

(2) what sport「どんなスポーツ」が play の目的語で文頭に移動します。

　それでは最後に、この節のまとめの問題です。日本語のない並べかえの問題になっています。

■ チャレンジ問題 ◀

次の（　　）内の語を並べかえて、意味の通る英文にしなさい。また、[　　]内の語句を用いて答えなさい。

(1) (you / what / for / have / do / usually) lunch? [*okonomiyaki*]

(2) (Monday / you / do / do / on / what)?　[play baseball]

(3) (book / have / what / you / do / your / in) bag? [a comic book]

■ 解 答

(1) What do you usually have for lunch? / I (usually) have *okonomiyaki* (for lunch). ／「あなたはたいてい昼食に何を食べますか」「（私はたいてい昼食に）お好み焼きを食べます」

(2) What do you do on Monday? / I play baseball. ／「あなたは月曜日に何をしますか」「（私は）野球をします」

(3) What book do you have in your bag? / I have a comic book (in my bag). ／「あなたはカバンの中に、どんな本を入れていますか」「（私はカバンの中に）マンガを入れています」

語句 (1) lunch「昼食」 (2) Monday「月曜日」 (3) bag「かばん」／a comic book「マンガ本」

解 説

(1) 次のように、置き換えと移動をしましょう。

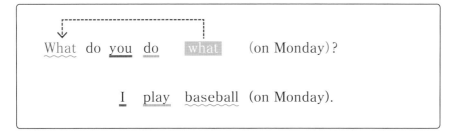

(2) 次のように、置き換えと移動をしましょう。

(3) What do you have book in your bag? にしてしまった人はいませんか？ これでは what より右側の文に名詞 book が欠けずに残ってしまっており、おかしな文になっています。さらに、C の book に何もついていないので、明らかなまちがいですね。なお、正しい答えの what book の what は限定詞の働きもかねています。

I go to school by bike.
「私は自転車で学校へ行きます」

■■ イントロダクション ■■

☑ 他動詞と自動詞の文を区別する

☑ 他動詞は後ろに目的語がくる動詞である ▶2

☑ 自動詞は後ろに目的語がこない動詞である ▶2

☑ 他動詞と自動詞の分類のしかたを知る ▶2

☑ 他動詞は後ろに名詞がくる ▶2

☑ 自動詞は後ろに副詞・〈前置詞＋名詞〉がくる ▶2

今回は動詞の別の分類のしかた、他動詞と自動詞がテーマです。

レッスン **1** 他動詞と自動詞の文のちがい

まずは、次の2つの英文を見てください。何か気づくことはありますか？

> ・I love Japan.
> ・I live in Japan.

> 上の文は単語が3つで、下の文は単語が4つです。

すばらしいです！ いいところに気づきましたね。なぜ、下の文は単語が4つなのでしょうか？

> なぜと言われても…、下の文には in があるからです。
> あと、動詞も love と live でちがっています。

すばらしいです！ Iのあとの単語が動詞だということにも気づけていますね。2つの文の語数がちがうのは、動詞がちがうからです。love「～を愛する」とlive「住む」、2つ目のアルファベット1字がちがうだけなのですが、意味は全然ちがいます。

「愛する」の言葉を受けて、どのような質問が考えられますか？

「だれを愛する？」とか、「何を愛する？」とかですか？

そうですね。では、「住む」の場合は、どのような質問が考えられますか？

「どこに住む？」とかですかね。

さあ、この二つの動詞のちがいがわかりましたか？　実は一般動詞には、あとに「何を？」と質問できる動詞と、「何を？」と質問できない動詞があるのです。この「何を？」と質問できる動詞を他動詞、「何を？」と質問できない動詞を自動詞といいます。ざっくりとした説明ですが、他動詞と自動詞のちがいに意識を向けるうえでは、とても有効な手段です。まずは、イメージを作ってもらいたいので、このように説明しておきます。

では、次の質問です。liveの後ろにあった単語inの品詞を覚えていますか？

in の品詞…品詞とはなんでしたか？

「一般動詞の英文の公式」に照らし合わせてみましょう。「品詞がわかるようになると、英語がわかってくる♪ ➡ 第6節 英語の ツボ㉕」ですよ！

▶一般動詞の英文の公式

主語	動詞	目的語	（修飾語）
I	have	a pen	(in my hand).

思い出しました！　主語が I、動詞が have、目的語が a pen、あとは修飾語でしたね。修飾語は〈前置詞＋名詞〉だったので、in は前置詞です。

よく復習できています。そのとおりです。では、I live in Japan. を「一般動詞の公式」にあてはめるとどうなりますか？

あれ？　一般動詞の英文の公式に当てはまっていないです！　動詞のあとは「〜を」にあたる名詞がくるはずなのに、名詞がありません！

　よく気づきましたね！　そのような文になる動詞こそが**自動詞**です。目的語は多くの場合、「〜を」にあたるものでしたね。「住む」は「何を？」と質問することができず、目的語を書くことができません。目的語が書けないので、書かずに飛ばして、修飾語、つまり〈前置詞＋名詞〉に続いていくのです。そのような一般動詞があるということを覚えておきましょう。

▶**自動詞の文**

「〜を」にあたる目的語がないのが自動詞の文

I live　　(in Japan).

↑「〜を」にあたる 名詞 （目的語）がない

レッスン2　他動詞は後ろに「〜を」にあたる名詞がくる

　今度は次の一覧表で、聞きたくなる質問や後ろにくる語句を参考に、他動詞と自動詞を見分ける感覚をみがきましょう。

動詞	聞きたくなる質問	他動詞か自動詞かの判断
go 「行く」	「どこに？」	→ go は自動詞 例 I go to school by bike. 「私は学校へ自転車で行きます」
come 「来る」	「どこに？」	→ come は自動詞 例 I usually come home at six. 「私はたいてい6時に帰宅します」
write 「書く」	「何を？」	→ write は他動詞 例 I write *kanji*. 「私は漢字を書きます」

stay 「滞在する」	「どこに？」	→ stay は自動詞 例　Do you stay in Tokyo? 「あなたは東京に滞在しますか」

語句　go to school「学校へ行く」／ by bike「自転車で」／ come home「帰宅する」／ stay in 〜「〜に滞在する」

　こんな感じです。いかがですか？　もちろん、これで100％他動詞と自動詞を区別できるわけではありませんし、例外もあります。ですが、まずは動詞のあとに何がくるのかについて、興味を持つことから始めましょう。

▶今後は自動詞を圓、他動詞を囮と書きます（辞書にも多くの場合、そのように書かれています）。

囮の文　I　love　Japan .　　「私は日本が好きです」

圓の文　I　live　(in Japan).　「私は日本に住んでいます」

　囮と圓は、動詞のあとに何を置くかのちがいです。囮はあとに目的語がくる動詞、圓はあとに目的語がこない動詞です。他動詞の「他」は他人の「他」です。主語から見た他人（目的語）がいなければ成立しません。自動詞の「自」は自分の「自」です。主語さえあれば他人（目的語）なんていらないさ、というのが圓です。

　「あとに目的語がくるかこないか」を品詞に置き換えて説明すると、あとに目的語がくる囮は<u>あとに名詞がくる</u>、ということです。あとに目的語がこない圓は、<u>あとに副詞や〈前置詞＋名詞〉がくる</u>という説明になります。

|動詞|{|囮：後ろに目的語がくる
　　→後ろに名詞がくる
圓：後ろに目的語がこない
　　→後ろに副詞もしくは〈前置詞＋名詞〉がくる|

　前の節まででこの話をすると、理解しづらいと思ったので説明しませんでしたが、実は、第6節・第7節で扱っている一般動詞はすべて囮です。なぜなら、まずは〈主語＋動詞＋目的語＋修飾語〉の語順に慣れてもらう

ために、後ろに目的語がくる 他 のみを使っていました。また、do を使って否定文・疑問文を正しく作り、be 動詞の文と区別できるようになることを優先したので、他 ばかりを用例で出していたのです。

　1年生の勉強では、いろいろな文を正しく否定文・疑問文にすることが学習の中心なので、be 動詞と一般動詞という分け方への理解はとても大事です。でも、学年が上がるにしたがって、この分け方を用いないようにもなります。それよりも、動詞を 他 と 自 に分類して考える必要性のほうが高くなってきます。「それなら、2年生や3年生になってから、他 と 自 の区別を学習すればいいじゃない！」と思うかもしれませんが、1年生の教科書にも、自 はたくさん出てきます。なんの断りもなく登場します。

　英語の勉強の始まりは、「主語のあとは動詞だよ、ほら、日本語とちがうから注意してね♪」という説明だけになりがちなのですが、動詞のあとに何を書けばいいのかわからなくて、成績が上がらない人たちがたくさんいます。そうならないように、動詞のあとを説明している 他 と 自 について理解し、1年生のうちから、動詞のあとに興味を持つクセをつけておくと、英語の実力がアップしますよ。

英語の ツボ㉘
●動詞のあとに何がくるのかに興味を持つ♪
●動詞のあとに何を書くか、本当はこれが大事なこと♪

練習問題

次の日本語に合うように、(　　　) 内の語を並べかえなさい。

(1) 私は東京に住んでいます。　　（ Tokyo / live / I / in ）.
(2) 私は毎年東京に行きます。　　（ Tokyo / go / I / to ）every year.
(3) あなたは自転車で学校に来ますか。
　　Do (bike / school / come / you / to / by)?
(4) 僕は自分の部屋に自転車を置いています。
　　I (my / a / have / in / room / bike).

解答

(1) I live in Tokyo.
(2) I go to Tokyo every year.

(3) Do you come to school by bike?

(4) I have a bike in my room.

語句 (1) live「住む」 (2) go「行く」／ every year「毎年」 (3) come「来る」／ school「学校」 (4) have「〜を置いている」／ room「部屋」

(1) 主語は「私は」で I、動詞は「住む」で live です。「住む、どこに？」で目的語「〜を」がありません。なので live は自で、後ろに〈前置詞＋名詞〉in Tokyo が続きます。

(2) 主語は「私は」で I、動詞は「行く」で go です。「行く、どこに？」なので go は自で、後ろに〈前置詞＋名詞〉to Tokyo が続きます。(1)も「東京に」でしたが、前置詞がちがいます。live は「住む」なので、東京の中にいることになります。go は「行く」なので、移動するわけです。移動の方向、到達点を表す前置詞が to です。

▶どんなときにどんな前置詞を用いるかは、また節を改めて説明するので、今はなんとなく、live in 〜、go to 〜、のように覚えてもらえば大丈夫です。

(3) 主語は「あなたは」で you、動詞は「来る」で come です。「来る、どこに？」なので come は自で、後ろに〈前置詞＋名詞〉to school が続きます。「来る」も移動なので、前置詞は to です。by は交通手段を表す前置詞で「〜で」と訳します。修飾語は服やアクセサリーと同じで、何個つけてもよいので、これは〈前置詞＋名詞〉のセットが2つある文です。

あれ？ (3)の bike は C の単語なのに、a がついてなくてもいいのですか？

目のつけどころがいいですね。名詞に意識が向いてきた証拠ですよ。C に限定詞があることを意識できていますね。この bike のように、by のあとにくる乗り物は、交通手段という意味なので U の扱いになります。同じ名詞でも、使い方や意味によって C になったり U になったりするので、少しずつ慣れていきましょう。ちなみに、go to school の school もそうです。学校という建物なら C になりますが、この school は「勉強するところ」くらいの意味なので U です。at school の school も U でしたね。

第 **8** 節 他動詞と自動詞

第 **9** 節 選択肢を与える疑問文

第 **10** 節 定冠詞 the

第 **11** 節 名詞の複数形

深く考えすぎずに、まずは名詞に意識を向けていくだけでも十分ですよ。

(4) 主語は「僕は」でI、動詞は「置いています」でまだ習っていないかもしれませんが、（ ）内にある動詞は have しかないので、動詞は have です。have は「〜を持つ」という意味なので、「持つ、何を？」だから、「〜を」にあたる名詞が続きます。have は他です。目的語は「自転車を」ですね。bike は数えられるから a をつけて a bike です。このあとに飾りの〈前置詞＋名詞〉in my room を続けます。

今度は英作文の例題をやってみましょう。

例題

次の文を英語になおしなさい。
(1) 私は自分の部屋で勉強します。
(2) 私は自分の部屋をそうじします。

解答

(1) I study in my room.
(2) I clean my room.

解説

(1) 主語は「私は」でI、動詞は「勉強する」で study ですね。このあとはどうでしょう？

「勉強する」だから「何を？」と聞きたいのに、「何を？」にあたる部分がありません…。study は他ではないのですか？

第6節 では study は他でした。同じ名詞でも C と U があるように、同じ動詞でも他と自がある場合があります。これも深く考えすぎずに、さすがに「部屋を勉強する」のはおかしいから、今回の study は自として扱っているんだな、くらいに考えてください。

(2) 主語は「私は」で I、動詞は「そうじする」で clean ですね。「自分の部屋」は(1)にも出てきた my room です。

> room「部屋」は 空間だから、in my room はなんだか覚えやすいセットフレーズに思えてきました。
> 答えは I clean in my room. ですか？

ちょっと気を抜くとこうなるのですよ。

前置詞が必要かどうかは、後ろにどんな名詞があるかで決まるのではありません。動詞が 他 か 自 かで決まるのです。clean は「そうじする、どこを？」の 他 なので前置詞は不要です。

次も例題です。クイズ感覚で解いてみましょう。

例題

それぞれの問いに答えなさい。

(1) ここに自動詞が1つ、前置詞が2つあります。正しい文を作るには、名詞がいくつ必要ですか？

(2) ここに他動詞が1つ、名詞が4つあります。正しい文を作るには、前置詞がいくつ必要ですか？

ヒント：一般動詞の公式と照らし合わせると、何でも解決できます。

解答

(1) 名詞は3つ

(2) 前置詞は2つ

解説

まず、基本の公式を確かめましょう。

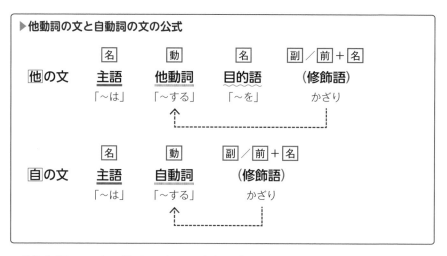

▶他動詞の文と自動詞の文の公式

		名	動	名	副／前＋名
他の文		主語	他動詞	目的語	（修飾語）
		「～は」	「～する」	「～を」	かざり

		名	動	副／前＋名
自の文		主語	自動詞	（修飾語）
		「～は」	「～する」	かざり

「修飾語はいくつ続けてもよい」ということが、問題を解くために必要な前提知識です。(1)の自動詞の文は、「前置詞が2つ」とあるので、修飾語は2組入っている文だと予想できます。公式は〈主語（名詞）＋自＋〈前置詞＋名詞〉〈前置詞＋名詞〉〉になります。これで、前置詞を2つ使っていることになりますね。そうすると、名詞は3つ必要ですね。

同じように、(2)の他動詞の文を考えてみましょう。「名詞が4つ」とあるので、こちらも修飾語が複数入っている文だと予想できます。公式は〈主語（名詞）＋他＋目的語（名詞）＋〈前置詞＋名詞〉〈前置詞＋名詞〉〉になります。主語に1つ、目的語に1つ、修飾語で2つ、これで名詞が4つになります。前置詞は2つ必要です。

困ったときにたよれるのは、いつも英文の公式です。必ず品詞を書き加えて、公式に当てはめてください。

英語の ツボ㉙

●どんなときも、英文の公式に当てはめることを意識して
　問題を解く♪

では、最後にもう1問例題をやってみましょう。

例 題

次の（　　）内の語句を並べかえて、意味の通る英文にしなさい。

(1) I speak (in / to / Ken / English).

(2) I watch (Ken / TV / a soccer game / on / with).

解 答

(1) I speak to Ken in English.（修飾語の to Ken と in English は逆でも OK）／「私はケンに英語で話します」

(2) I watch a soccer game on TV with Ken.（on TV と with Ken は逆でも OK）／「私はケンといっしょにテレビでサッカーの試合を見ます」

解 説

どちらも、〈主語＋動詞〉まで書いてあるので、先ほどの例題を参考にして解いてみましょう。

> (1)の speak は「話す、何を？」なので 他、目的語は English です。前置詞が in と to で 2 つ、名詞 Ken が 1 つ残って、あれ？　speak は 他 のはずですよね？

さきほど、study は文脈によっては 自 になることがあります、と説明しましたよ。同じように、speak を 他 と決めつけないで、自 と思ったらどうですか？

> なるほど！　それなら〈前置詞＋名詞〉が 2 組できて、さっきの例題(1)と同じ形になります！　どっちの名詞がどっちの前置詞につくかはわからないですが、公式にあてはめると正しい文になるのはわかります。

いいですね。さきほど、「前置詞が 2 つ、名詞が 1 つ残って、あれ？　おかしい…」と言いましたね。そのおかしいと思う感覚がとても大切です。前置詞が 2 つで名詞が 1 つしかないのに、おかしいと思わず、強引に並べてしまう人がとても多いのです。

英語の ツボ㉚

●前置詞のあとは必ず名詞が 1 個。0 個も 2 個もダメ！

「必ず名詞が 1 つ必要だ」を手がかりにして、前置詞の意味を書くときは、その名詞の部分を「〜」にあてはめます。たとえば in なら「〜の中で」と書きます。決して in は「中」という意味ではありません。同じように 他 も、have「〜を持っている」のように、後ろの名詞の部分を「〜」にし

て書くクセをつけておくと、いつも〈主語＋動詞〉のあとに意識がいきますよ！

　そして、前置詞のあとに書く名詞、他のあとに書く名詞は、第3節で学んだように、Cならば限定詞を1つつけた形ですからね。だから、まずは名詞のかたまりをちゃんと作れるようにしておくことは、とても必要なことで、ここにつながってくるのです！

英語の ツボ31
●他動詞と前置詞の意味を書くときは、あとにくる名詞の
　部分を「〜」で表しておく♪

〈speak to ＋人〉で「人と話す」の意味です。speak のあとに続く単語が、English（英語）、Japanese（日本語）、French（フランス語）などの「言語名」のときは、それらの単語は目的語になりますが、Ken（人名）や my father（私の父）などの人がくるときは、それらの単語は目的語にはなりません。English の前の in は言語名につく前置詞で「〜語で」の意味になります。

　では、(2)の問題はどうですか？

> (2)は on と with で前置詞が2つあるから、名詞が2つ必要で、それでもまだ名詞が1つ残っているから、watch は他ですね。I watch TV のあとがよくわかりません。

　watch は他で合っています。ただ、a soccer game で1つの名詞のかたまりになります。なので、目的語は a soccer game（サッカーの試合）になります。

　I watch TV. は「私はテレビを見る」ですが、I watch 〜 on TV. と on をつけると「テレビで〜を見る」という意味になります。on「〜で」は電源を入れて用いるものにつけ、手段を表します。もう1つの前置詞 with は「〜といっしょに」という意味です。

　さきほどできたI watch a soccer game on TV with Ken. の Ken が答えの中心になる疑問文を作ってみましょう➡第7節。

▶疑問詞を用いた疑問文の作り方

I　watch　a soccer game on TV with Ken.

Do you　watch　a soccer game on TV with ~~Ken~~?

①疑問文を作る　　　　　　　　　　　　　　　　　　who

②名詞を疑問詞 who に置き換えて文頭に移動

Who　do you　watch　a soccer game on TV with?

「前置詞のあとは必ず名詞が1個。0個も2個もダメ！➡ 英語の ツボ⑩」、「what / who のあとは、名詞が1つ欠けた文が続く♪➡ 第**7**節 英語の ツボ㉗」、この2つを思い出してください。前置詞 with のあとには名詞が1つ必要です。一見すると、後ろに名詞がないように見えますが、それを who に置き換えて文頭に移動しています。

　1年生のこの時期に、このような文が作れたら、すごいですね。でも、ただ、公式に当てはめているだけなので難しいことではありません！

チャレンジ問題

次の（　　）内の語句を並べかえて、意味の通る英文にしなさい。

⑴ I write (English / an e-mail / after / in) school.

⑵ I go (school / bus / on / to / by) Monday.

解 答

⑴ I write an e-mail in English after school.／「私は放課後英語でEメールを書きます」

⑵ I go to school by bus on Monday.／「私は月曜日にバスで学校へ行きます」

解 説

⑴ write は「書く、何を？」と質問したくなるので他です。前置詞が2つあり、名詞が4つなので、公式に合っています。write の目的語は an e-mail で、修飾語のかたまり〈前置詞＋名詞〉は in English（英語で）と after school（放課後に）です。

⑵ go は「行く、どこへ？」と聞きたくなるので、目的語のない自です。〈前置詞＋名詞〉の組み合わせは to school（学校へ）、by bus（バスで）、on Monday（月曜日に）になります。

111

Is this a ball or an egg?
「これはボールですか、それとも卵ですか」

■■ イントロダクション ■■

☑ 「A それとも B ですか」と選択肢を与える疑問文を作る ▌1
☑ 選択疑問文に対する答えの文を作る ▌1
☑ 接続詞 and / or / but / so の意味と使い方を知る ▌2

今回は新しい疑問文を学びます。

レッスン **1** 「A それとも B」とたずねる疑問文：選択疑問文

今まで習った疑問文は、大まかには「疑問詞を使う疑問文」と「疑問詞を使わない疑問文」という2種類に分けられます。疑問詞を使うか使わないかは、Yes / No で答えられるかどうかに関わってきます。

> ▶疑問文
>
> ┌─ ・Yes / No で答えられる
> └─ ・Yes / No で答えられない ┌─ 疑問詞で始まる
>   └─ A or B (選択肢を与える)

今回はYes / No で答えられない疑問文の種類を1つ増やします。相手に選択肢を与える**選択疑問文**です。2つから1つを選択するということです。たとえば、ボールなのか卵なのかを聞きたい場合は、A or B「**A それともB**」と選択肢を示して、次のようにたずねることができます。

◆選択疑問文：be 動詞の文

> **Yes/ No で答えられる2つの疑問文に or をつけて1文にする。**
>
> 疑問文①   Is this a ball?   「これはボールですか」
>   +
>
> 疑問文②   Is this an egg?   「これは卵ですか」
>   ↓
>
> 選択疑問文   Is this a ball or an egg? 「これはボールですか、それとも卵ですか」
> 答え   ---It is a ball.   「ボールです」

選択疑問文は2つの疑問文をorを用いて1文にした形です。orは等位接続詞で「それとも；または」という意味の単語です。答え方は、選択肢のどちらかを使って答えます。Yes / Noでは答えられません。

◆選択疑問文：一般動詞の文

疑問文①	Do you speak Chinese?	「あなたは中国語を話しますか」
	＋	
疑問文②	Do you speak Japanese?	「あなたは日本語を話しますか」
	↓	
選択疑問文	Do you speak Chinese or Japanese?	
	「あなたは中国語を話しますか、それとも日本語を話しますか」	
答え	---I speak Chinese.	「中国語を話します」

> 上の例文を見て思ったのですが、もしかして、このタイプの問題は、両方の文に共通する部分は1回書けばいいのですか？

　そのとおりです！　その理由は2年生になって話しますが、等位接続詞の特徴です。等位接続詞という言葉は忘れてもよいですよ。あとでorの仲間を紹介しますね。共通部分は一度いえばよいので、Do you speakはくり返す必要はありません。異なる部分をorでつなぎましょう。

▌練習問題 ❶ ◀

次の2つの英文を or を用いて1つの文にし、下線部の語句を用いて答えなさい。

(1) Do you play <u>tennis</u>?　Do you play baseball?

(2) Are you <u>a doctor</u>?　Are you a teacher?

(3) Is Ms. Tanaka <u>from Aomori</u>?　　Is Ms. Tanaka from Akita?

▌解　答

(1) Do you play tennis or baseball? ---I play tennis. ／「あなたはテニスをしますか、それとも野球をしますか」「(私は) テニスをします」

(2) Are you a doctor or a teacher? ---I am a doctor. ／「あなたは医

者ですか、それとも先生ですか」「(私は) 医者です」

(3) Is Ms. Tanaka from Aomori or from Akita? ---She is from Aomori. ／「田中先生は青森出身ですか、それとも秋田出身ですか」「(彼女は) 青森出身です」

語句 (2) doctor「医者」

解 説

(1)「あなたはテニスをしますか」「あなたは野球をしますか」という2つの文なので、A or B を使って「あなたはテニスをしますか、それとも野球をしますか」という文を作ります。A にあてはまるのが tennis、B にあてはまるのが baseball ですね。

(2) 選択肢の A が a doctor、B が a teacher です。両方の文に共通する部分は1回書けばよいとはいっても、a teacher や a doctor は〈限定詞＋名詞〉でひとかたまりなので a は省略できません。また、答えの文の doctor の前の a も書き忘れないようにしてください。

(3)「from は両方の文に使われているから、1回だけでいいのでは？」と思った人もいるかと思いますが、〈前置詞＋名詞〉はこれで意味のかたまりなので、今はそのかたまりを尊重するようにしましょう。

練習問題 ②

次の問いに対する答えの文をア～オから1つずつ選び、記号で答えなさい。ただし、2度以上用いないこと。

(1) Is that man your English teacher?

(2) Is that man your English teacher or your math teacher?

(3) Who is that man?

ア　Yes, it is.　　　イ　He is my English teacher.

ウ　No, he isn't.　　エ　He is my music teacher.

オ　Yes, he is my math teacher.

解 答

(1) ウ／「あの男の人はあなたの英語の先生ですか」「いいえ、ちがいます」

(2) イ／「あの男の人はあなたの英語の先生ですか、それとも数学の先生ですか」「私の英語の先生です」

(3) エ／「あの男の人はだれですか」「私の音楽の先生です」

■解 説■

まず、Yes / No で答えられる疑問文かどうかを判断します。

(1) Yes / No で答えられる疑問文なのでア、ウ、オのいずれかにしぼれます。[C]の man に限定詞がつくので、主語は that man です。it ではなく he で受けるのでウかオです。オは、Yes, he is my English teacher. なら OK です。ウが正解です。

(2) A or B の選択疑問文なので、Yes / No で答えられません。イかエにしぼれます。A (my English teacher) もしくは B (my math teacher) のどちらかで答えているのは、イですね。

(3) Yes / No で答えられない疑問詞 who の疑問文です。答えとしてはイでも正しいのですが、「選択肢は1度しか使えない」という条件があるので、エが正解です。

■練習問題 ❸■

次の文を英語になおしなさい。

(1) A：あなたのお父さんは、数学の先生ですか、それとも英語の先生ですか。

B：英語の先生です。

(2) A：あなたは手にペンを持っていますか、それとも鉛筆を持っていますか。

B：ペンです。

■解 答■

(1) Is your father a math teacher or an English teacher? ---He is an English teacher.

(2) Do you have a pen or a pencil in your hand? ---I have a pen (in my hand).

■解 説■

選択疑問文は or に意識がいってしまうので、正しい疑問文の語順になってない誤答がよくあります。主語の前に be 動詞や do を置くことを忘れないようにしましょう。

(1) 主語の your father は三人称です。Are ではなく Is で文を始めます。math teacher と English teacher の前にそれぞれ a / an を忘れずに

書けましたか？　答えの文でも an を書き忘れないように注意しましょう。

⑵ 問いの文は、<u>Do you have a pen in your hand?</u> と <u>Do you have a pencil in your hand?</u> を or でつなぎます。共通部分の Do you have と、修飾語の in your hand はくり返す必要はありません。しつこいですが、pen と pencil の名詞に a をつけることを忘れずに。「**数えられる名詞には必ず限定詞を 1 つつける♪ ➡ 第3節 英語の ツボ⑭**」ですよ！

また、答えをすべて It's で始めてしまった人はいませんか？　「**問いと答えは同じことを述べている♪つまり問いと答えの主語・動詞などはそれぞれ対応している♪ ➡ 第4節 英語の ツボ⑱**」ことを思い出しましょう。

> ### レッスン2　等位接続詞 and / or / but / so

　次は or などの等位接続詞の勉強をしましょう。名前は覚えなくて大丈夫です。まずは、and / or / but / so という4つの単語を覚えましょう。どれもが、<u>語句と語句</u>や<u>文と文</u>をつなぐ働きをしています。ただし、次の表のとおり、それぞれ「追加・選択・逆接・結果」と働きがちがいます。

◆主な等位接続詞

接続詞	働き	意味
and	〔追加〕	そして；AとB [AもBも]
or	〔選択〕	もしくは；AそれともB
but	〔逆接〕	しかし [ですが]；AでもB
so	〔結果〕	だから [なので]；Aその結果B

確認しよう

① I like <u>tennis</u> and <u>soccer</u>.　　　　「僕はテニスもサッカーも好きです」

② Do you like <u>tennis</u> or <u>soccer</u>?
　　　　　　　　「君はテニスが好き？　それともサッカーが好き？」

③ <u>I like tennis</u>, but <u>I'm not a good tennis player</u>.
　　　　　　　　「僕はテニスが好きですが、上手ではありません」

④ <u>I like tennis</u>, so <u>I play tennis every day</u>.
　　　　　　　　「僕はテニスが好きなので、毎日します」

①・②は tennis（テニス）と soccer（サッカー）という語を and や or でつないだ文です。③は I like tennis. と I'm not a good tennis player. の2つの文を、④は I like tennis. と I play tennis every day. の2つの文をつないでいます。

▶練習問題◀

次の英文の（　　）内に、and / or / but / so から適当なものを選んで書きなさい。ただし、どれも1度ずつ用いること。

(1) Is that dog young (　　　) old?

(2) Tom (　　　　) Ken play baseball.　Tom is a good baseball player.　Ken is a good baseball player, too.

(3) I like baseball, (　　) but I don't like tennis.

(4) My English teacher is very interesting, (　　　) I like English.

▶解答◀

(1) or ／「あのイヌは若いですか、それとも年をとっていますか」

(2) and ／「トムもケンも野球をします。トムは野球が上手です。ケンも野球が上手です」

(3) but ／「私は野球が好きですが、テニスは好きではありません」

(4) so ／「私の英語の先生はとてもおもしろいので、私は英語が好きです」

◀語句▶ (1) young「若い」／ old「年をとっている」 (4) interesting「おもしろい」

▶解説◀

　文脈を考えてふさわしい接続詞を選びます。

(1) young か old かを選択する文脈です。

(2) トムもケンも野球が上手だと述べています。Tom に Ken を追加しています。

(3) like と don't like が逆の意味だと考えます。

(4) My English teacher is very interesting. が原因で I like English. がその結果だと判断できます。

I have a bike. This is the bike.
「私は自転車を持っています。これがその自転車です。」

▒▪▎ イントロダクション ▕▪▒

☑ 数えられる単数名詞につく限定詞を区別する ▌1

☑ 不定冠詞 a / an と定冠詞 the のちがいを知る ▌1

☑ 定冠詞 the の使い方を知る ▌1

今回は新しい限定詞を学びます。

レッスン **1** 定冠詞 the

□C□ につく限定詞を覚えていますか?

 覚えていますよ。こちらです。

```
▶数えられる単数名詞につく語

① a / an
② 所有格（〜の）         (+ 形容詞 ) + 名詞
③ this（この）/ that（あの）
                       形容詞はない場合もある
```

今回はここに新しいものが 1 つ加わります。the です。

the は a / an の仲間で、冠詞といいますが、上の図では③に入ります。

 ①ではなくて③なのですね。なぜですか?

① a / an、② 所有格、③ this / that は、名詞が 1 つに限定される度合いがちがっていました➡ **第3節** 。③の仲間ということは、the は this やthat のように、確実に名詞が 1 つに限定されるということです。

the を定冠詞といいます。「定」というのは「定まっている」ということですね。this や that は指し示して 1 つに限定しましたが、the は文脈や状況から 1 つに決まるという感じです。

ちなみに、a / anは**不定冠詞**といいます。「不定」ですから「定まっていない」ということです。aは「1つならどれでもいい」という意味が大事でしたね。これが「不定」ということです。

確認しよう

・I have a bike. This is the bike.

「私は自転車を持っています。これがその**自転車**です」

2文目のbikeにtheがついているのは、自分が所有している自転車のことを指していることが文脈からわかるからですね。

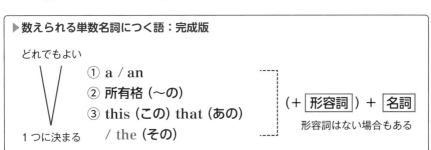

▶**数えられる単数名詞につく語：完成版**

どれでもよい

① **a / an**
② **所有格（～の）**
③ **this（この）that（あの）**
　　/ the（その）

1つに決まる

（+ 形容詞 ）+ 名詞
形容詞はない場合もある

theは訳されないことが多いのですが、訳すときは「**その**」です。日本語の「その」は「あの」と「この」の中間にある感じですが、theにそういう意味合いはありません。

thisは「これ」と「この」を表すことができました。thatも同様です。そうすると、「それ」と「その」も同じ単語で表現できるのではないかとかんちがいする人がいます。「それ（は）」はit、「その」はtheです。まちがえないように気をつけましょう。

◆「それ」と「その」の区別

this	「これ（は）」 「この」	that	「あれ（は） 「あの」	「それ（は）」----it 「その」--------the

◆楽器名の前につく the

playやpracticeの目的語に楽器がくる場合、楽器名にtheをつけて、〈play the ＋楽器名〉「〔楽器〕を演奏する」／〈practice the ＋楽器名〉「〔楽器〕を練習する」と表します。これもよく出てきますので、覚えておいてください。

確認しよう

・I play the piano.　　「私はピアノをひきます」

〈play the ＋楽器名〉

参考：楽器名　piano「ピアノ」／ guitar「ギター」／ flute「フルート」／ violin「バイオリン」／ trumpet「トランペット」

練習問題

次の（　　）内に、a ／ an ／ the の中から適当な語を書きなさい。不要な場合は×を書きなさい。

(1) I play (　　　　) baseball.

(2) I play (　　　　) violin.

(3) I have (　　　　) guitar.

(4) I study in my (　　　　) room.

(5) I have (　　　　) new car and (　　　　) old car. This is (　　　　) new car.

(6) I have (　　　　) friend in Hokkaido. Do you have (　　　　) friend in Hokkaido, too?

(7) I like this car, but I don't like (　　　　) color of it very much.

解答

(1) ×／「私は野球をします」

(2) the ／「私はバイオリンをひきます」

(3) a ／「私はギターを持っています」

(4) ×／「私は部屋で勉強します」

(5) a, an ／ the ／「私は新しい車と古い車を持っています。これはその新しい車です」

(6) a ／ a ／「私は北海道に友達がいます。あなたも北海道に友達がいますか」

(7) the ／「私はこの車が好きですが、それの色はあまり好きではありません」

語句 (6) friend「友達」 (7) color「色」／～ of it「それの (具体的には「この車」を指す)」

解説

(1) play の目的語で the をつけるのは楽器名です。スポーツ名には限定詞は何もつけません。

(2) play の目的語が violin「バイオリン」という楽器名なので、the をつけます。

(3) 楽器名であればなんでも the をつけるのではありません。演奏する場合の楽器名、つまり、play や practice の目的語に楽器がある場合だけ the をつけます。have の目的語の場合は限定詞 a をつけます。

(4) Cの room にすでに所有格がついているので、限定詞は不要です。

(5) 3つ目の空所は前にある a new car を受けるので、the を入れます。

(6) 最初の空所は a でかまいませんが、2番目の空所は the にしないように注意してください。(5)とはちがいます。最初の friend とあとの friend は同一人物ではありません。機械的に、「2度目に出てきた単語には the をつける」と覚えていると、まちがえますよ。ここは a を入れます。「私は北海道に友人がいるけれど、君も北海道に友人がいるの？」という意味です。

(7) (6)の逆です。「最初に出てきた単語には a をつける」と覚えていると、まちがえます。この文脈では、color は自分が気に入っている車の色のことです。何の色か、文脈からわかるので the です。

次の文を英語になおしなさい。

(1) A：手にどんな本を持っているの？

　　B：科学の本だよ。とてもおもしろいよ。

(2) 私はピアノが上手です。〔① 一般動詞を用いて、② be 動詞を用いて〕

解 答

(1) What book do you have in your hand? ---I have a science
　　book. The book[It] is very interesting.

(2) ① I play the piano well. ② I am[I'm] a good piano player.

解 説

(1)A 問いの文で、bookにつくwhatは限定詞になるのでしたね。Cの
handに所有格yourを忘れずに。文構造は 第7節 チャレンジ問題 p.98で確
認してください。

　B 問いと答えは対応しています。日本語にはありませんが、主語と動
詞、I haveが補えましたか？　Cのbookにaも忘れないように注意し
ましょう。「とてもおもしろい」の主語は、自分が手に持っている本なの
で、The book もしくはこれ全体をItで置き換えます。It bookはまちが
いです。interestingは形容詞です。後ろに名詞がないので、aやanをつ
けません。

　(2) 一般動詞の文は、主語がI、動詞がplay、目的語はpianoですが、楽
器名なのでtheをつけます。あとは修飾語で、副詞のwellです。I play
the piano well.となります。be動詞は少し考える必要があります。

　気をつけるのは I am のあとですね。「私」＝「上手なピ
アノの演奏家」にすればいいですか？

　そうです。第6節 を思い出し、「上手なテニス選手」と同じように考えれ
ばよいですね。

> ピアノの演奏家は、piano player。演奏する楽器がピアノなのだから、前に the をつければいいですか？

　「演奏する楽器に the をつける」というのは、あくまでも play や practice の目的語に楽器名があるときだけです。今回作る英文は be 動詞の文で、piano player の piano は player を修飾しています。名詞が名詞を修飾しているのです。tennis player も、tennis が player を修飾していますね。ですので、player につける限定詞を考えることになります。

　「上手」は名詞を修飾するので、形容詞の good を用いて、a good piano player という名詞のかたまりを完成させます。

---

① I play the piano（well）.

定冠詞 the ⎡C⎤
↑ - - - ┘

② I am a good piano player.

不定冠詞 a ⎡C⎤
↑ - - - - - - - - - ┘

I have two bikes.
「私は2台の自転車を持っています」

■■ イントロダクション ■■

☑ 名詞の複数形を作る ▮①

☑ 名詞といっしょに使われる語 some / any / many の意味と使い方を知る ▮②

☑ 「〜はいくつですか」と「数」をたずねる文を作る ▮③

☑ 複数形を使って「〜が好きだ」という文を作る ▮④

今回は名詞の複数形を学びます。

レッスン**1** 名詞の複数形

名詞の分類のしかたを覚えていますか？

> え〜っと、ⒸとⓊがありましたね。Ⓒが数えられる名詞、Ⓤが数えられない名詞でした。

そうですね！　今までⒸは、1つしかない場合（単数）の表現を学んできましたが、今回は2つ以上ある場合（複数）の表現を学びます。

名詞の複数形は、原則として名詞の語尾に -s をつけます。　第**0**節 で書いた名詞の全体像を思い出してみましょう。

> **▶名詞の全体像**
>
> | 名詞 | | |
> |---|---|---|
> | Ⓒ | 単数（1つ）　　a pen | ＊名詞の単数形の前に a / an をつける |
> | | 複数（2つ以上）pens | ＊名詞の単数形のあとに -s をつける |
> | ⓊJapan / math / soccer など | | |

今回、最も大事なのは、「数えられる名詞は、そのままでは使えない♪ ➡ 第**0**節 英語の ツボ❷ 」ということです。今までは、Ⓒの単数に、a / an 以外に、所有格や this / that / the などの限定詞を1つつけて、はだかにしない練習をしてきました。今回から、複数形にすることによって、はだかにしない表現を覚えていきましょう。

◆名詞の複数形の作り方 (-s / -es のつけ方)

1	ふつうは、語尾にそのまま -s をつける	例 pen「ペン」⇒ pen<u>s</u>
2	-s / -x /-sh / -ch / -o で終わる語 ⇒ -es をつける	例 bus「バス」⇒ bus<u>es</u> 例 box「箱」⇒ box<u>es</u> 例 dish「皿」⇒ dish<u>es</u> 例 watch「腕時計」⇒ watch<u>es</u> 例 tomato「トマト」⇒ tomato<u>es</u>
3	〈子音字＋ -y〉で終わる語 ⇒ -y を -i に変えて -es をつける	例 library「図書館」 ⇒ librar<u>ies</u>
4	-f / -fe で終わる語 ⇒ -f / -fe を -v に変えて -es をつける	例 leaf「葉」⇒ lea<u>ves</u> 例 knife「ナイフ」⇒ kni<u>ves</u>
5	不規則に変化する語 ⇒ そのまま覚える	例 man「男の人」⇒ **men** 例 mouse「ネズミ」⇒ **mice** 例 child「子ども」⇒ **children** 例 foot「足」⇒ **feet**
6	単数・複数同形のもの	例 fish「魚」⇒ **fish** 例 Japanese「日本人」 ⇒ **Japanese**

▶子音字：aiueo 以外の文字

レッスン2 **複数形といっしょに使われる語：some / any / many**

では、自分が持っているペンを、1本から順に数を増やしたときの表し方を見てみましょう。

〈数量＋名詞〉

I have	a	pen	.	「私は1本のペンを持っています」
	two	pens		「私は2本のペンを持っています」
	three	pens		「私は3本のペンを持っています」
	⋮			
	some	pens		「私はいくつかのペンを持っています」
				▶否定文・疑問文では some は any になります。
	⋮			
	many	pens		「私はたくさんのペンを持っています」

＊参考：数字を表す単語

1	one	2	two	3	three	4	four	5	five
6	six	7	seven	8	eight	9	nine	10	ten
11	eleven	12	twelve	13	thirteen	14	fourteen	15	fifteen
16	sixteen	17	seventeen	18	eighteen	19	nineteen	20	twenty

　1本のときは、penの前にaをつけますが、2本以上になると、aの代わりに数字を書き、さらに、名詞を複数形にする必要があります。日本語では「1本のペン」も「2本のペン」も「ペン」そのものの名詞の表現は同じです。「ぼくたち」のように、「たち」をつけて複数を表すこともありますが、物につけて「ペンたち」「ノートたち」とは言いません。aだけでなく、-sも日本語に訳さないことがほとんどです（「日本語に書かれていない部分を英語のルールで補おう♪ ➡ 第1節 英語のツボ⑤ 」）。

　1本、2本、3本と数えられるうちは〈数字＋名詞の複数形〉で表し、だんだん数えられなくなったら、〈some＋名詞の複数形〉とsome「いくつかの」を使います。someは「たくさんとまではいかないけれど、複数あるよ」という場合に用います。

▶ some を a の複数形と説明する場合もあります。日本語では物を数えるとき、物に応じた単位をつけます。たとえば、some pens なら「何本かのペン」、some books なら「何冊かの本」のように訳すので、「いくつかの」という訳を見ることは少ないかもしれません。

　否定文・疑問文では、someはanyになります。さらに、否定文でanyを用いると、「ひとつも〜ない」という意味になります。

　数が多いときはmany「たくさんの」を使い、〈many＋名詞の複数形〉

で表します。

確認しよう

- I have a pen. 「私は1本のペンを持っています」
- I want two boxes. 「私は2つの箱がほしい」
- I need some dictionaries. 「私は何冊かの辞書が必要です」
- I don't have any knives. 「私は1本もナイフを持っていません」
- Do you have any mice? 「あなたは何匹かネズミを飼っていますか」
- Do you know many Japanese in this city?
  「あなたはこの市でたくさんの日本人を知っていますか」

語句 want「〜がほしい」／ need「〜が必要である」

練習問題 ❶

次の英文を、[　　]内の指示にしたがって書きかえなさい。

(1) I want <u>a</u> notebook. [下線部を three にして]

(2) I need four <u>oranges</u>. [下線部を単数にして]

(3) I have some friends in China. [否定文に]

解 答

(1) I want three notebooks. ／「私はノートが3冊ほしい」

(2) I need an orange. ／「私は(1個の)オレンジが必要です」

(3) I don't have any friends in China. ／「私は中国にひとりも友達が
   いません」

語句 (1) notebook「ノート」 (2) need「〜が必要である」／ orange「オレンジ」

解 説

(1) three「3冊」と複数になるので、notebook の語尾に -s をつけて複数
   形にします。

(2) 単数とは「1個」のことです。oranges を単数形にすると a / an をつけな
   ければなりません。orange は母音から始まっているので an にします。

(3) have「〜を持っている」は一般動詞です。<u>don't</u>[do not] を用いて否定
   文を作ります。否定文なので some を **any** にします。「中国にはひとり
   <u>も友達がいない</u>」という意味になることも確認しておきましょう。

練習問題 ❷

次の日本語に合うように、（　　）内に適当な語を書きなさい。

(1) 私は何曲かのフランス語の歌を知っています。

I know (　　　) French songs.

(2) あなたは何曲かのフランス語の歌を知っていますか。

Do you know (　　　) French songs?

(3) あなたはたくさんのフランス語の歌を知っていますか。

Do you know (　　　) French songs?

解 答

(1) some　(2) any　(3) many

語句　(1) French「フランス語」／ song「歌」

解 説

　(1)と(2)の「何曲かの」を区別できましたか？　(1)はふつうの文なので some、(2)は疑問文なので any です。(3)は「たくさんの」なので many を入れます。

レッスン ③　物の「数」のたずね方：How many ～？

　複数形を学んだところで、今度は「いくつ？」とたずねる言い方を学習しましょう。

　物の数をたずねるときは、〈How many ＋名詞の複数形〉を用います。

◆数をたずねる疑問文

▶疑問文の形

〈How many ＋名詞の複数形〉

▶疑問文の作り方

ふつうの文		I have two bikes.
疑問文	▶ how many に置き換えて文頭に移動	Do you have ~~two~~ bikes?
		how many bikes
数をたずねる疑問文		How many bikes do you have?

「あなたは何台自転車を持っていますか」

128

この疑問文の **how** は疑問詞ですが、あとの many の程度をたずねています。したがって、「どれくらいたくさんの〜」というのが本来の意味です。many は「たくさんの」という意味でしたから、必ずあとに名詞の複数形を置きます。two bikes 全体が have の目的語です。それを how many bikes に置き換えて文頭に移動します。

▌練習問題 ◣

次の英文の下線部が答えの中心になる疑問文を作りなさい。

(1) I need three notebooks.

(2) I want one orange.

▌解 答 ◣

(1) How many notebooks do you need? ／「あなたは何冊のノートが必要ですか」

(2) How many oranges do you want? ／「あなたは何個のオレンジがほしいですか」

語句　(1) need「〜が必要だ」　(2) want「〜がほしい」

▌解 説 ◣

　今回も「疑問詞を用いた疑問文の作り方」を使います。① Yes / No で答えられる疑問文にする（「問いと答えでは、一人称と二人称は入れ替わる♪ ➡ 第2節 英語のツボ❾」も忘れずに）、②下線部を how many に置き換えて、あとに複数名詞をしたがえて文頭に移動と、2段階で考えます。

(1)　↑　① Do you need ~~three~~ notebooks?
　└----------------② how many notebooks

　(2) How many 〜のあとは、必ず名詞の複数形にします。たとえもとの文が単数（1個）だとしても、oranges にします。

(2)　↑　① Do you want ~~one~~ orange?
　└----------------② how many oranges

　　　　　　▶もとの文は単数でも、数をたずねるときは複数形に

もう1つ複数形を使う文を学習しましょう。likeの目的語が<u>C</u>の場合は、単数ではなくふつうは**複数形**にします。

確認しよう

・I like <u>cats</u>.　　「私はネコが好きです」

単数形と複数形のニュアンスのちがいは以下のとおりです。

①I like a cat.　←お気に入りのネコが1匹いる感じ
②I like some cats.　←お気に入りのネコが数匹いる感じ
③I like cats.　←ネコ好きな人の感じ

ネコが好きな人は、どのネコも分けへだてなく好きなはずなので、③の表現が適当ということになります。

例題

次の文を英語になおしなさい。
(1) あなたはオレンジが好きですか、それとも、リンゴが好きですか。
(2) 私は英和辞典を2冊持っています。私はその英和辞典が大好きです。

解答

(1) Do you like oranges or apples?
(2) I have two English-Japanese dictionaries.
　　I like the English-Japanese dictionaries very much.

語句　(2) English-Japanese dictionary「英和辞典」

解説

(1) ×Do you like an orange or an apple? としてしまった人は、いませんか？

どこかまちがっているのですか？　orange と apple はどちらも[C]で、母音から始まるのでちゃんと an もつけていますよ。

さきほど説明したところなので、もう一度見直してくださいね。like の目的語が[C]のときは、いつも**複数形**になります。まちがえないように注意してください。

(2) 次の問題はどうでしょうか。

原点にもどって、一般動詞の公式に入れてみましょう。主語は「私は」でI、動詞は「持っています」で have です。目的語はどうですか？

「英和辞典」で English-Japanese dictionary…、あれ？「2 冊」って、動詞を修飾する副詞みたいに見えますが、今までそんな例文ありましたか？　第6節で「上手」を副詞で書いたり形容詞で書いたりしました。もしかして「2 冊」もそのような書き方ができるのですか？

すごいことを考えましたね。たしかに日本語では「私は２冊の辞書を持っている」も「私は辞書を２冊持っている」もどちらの言い方も可能です。でも英語では、数量を副詞のように表現することはできません。必ず**〈数量＋名詞（の複数形）〉**の形です。つまり、「私は２冊の辞書を持っている」という英文しかないということです。

英語のツボ㉜

●数量を表す語は、名詞の修飾語、形容詞として扱う♪

１つ目の文は、**I have two English-Japanese dictionaries.** です。dictionary は複数形にすることを忘れないでください。２つ目の文はどうでしょうか？

同じまちがいはしませんよ！　like の目的語が C のときは、複数形でしたね。I like dictionaries very much. です。

日本語に「その」がついていますが、いいですか？

ちょっと気になりました。「その」はたしか the で、the は C の単数形につける限定詞でしたよね？

はい、そうです。限定詞のうち、<u>所有格</u>と <u>the</u> は単数名詞だけでなく、複数名詞にもつけることができます。

I like dictionaries very much. という英文は、「辞書ならなんでも大好き♪」という意味です。この問題は、「自分が持っている 2 冊の英和辞典が好きだ」という意味ですから、English-Japanese dictionaries の前に the をつけてくださいね。

チャレンジ問題

次の文を英語になおしなさい。
(1) 私は右手に鉛筆を 5 本持っています。
(2) A：あなたにはきょうだい（兄弟）がいますか？ [any を用いて]
　　B：はい、ひとりいます。
(3) A：この絵の中に何人子どもが見えますか。
　　B：ひとりも見えません。

解 答

(1) I have five pencils in my right hand.
(2) Do you have any brothers? ---Yes, I do. I have one (brother).
(3) How many children do you see in this picture? ---I <u>don't</u>[do not] see any children.

語句 (1) right hand「右手」 (3) see「～を見る」／ picture「絵」

解 説

(1)「5本の鉛筆」なので pencil は複数形です。hand は C なので、right hand に所有格 my「私の」をつけるのを忘れずに。「**数えられる名詞は、そのままでは使えない♪**➡ 第0節 英語の ツボ❷ 」ですよ！

(2) 日本語では「きょうだいが」が主語、「います」が述語のように見えますが、英語では「きょうだいを持っている」と考えます。「きょうだいを持っている」のは you「あなた」ですから、「あなたは何人かのきょうだいを持っていますか」という文と考えます。日本語の「〜がいる；〜がある」は、英語では have 〜 を用いて表現できます。

(3) これも(2)のように「子どもが」が主語、「見える」が述語に見えますが、「見える」にあたる単語 see は 他 で、「〜を見る」の意味になります。見ているのは「あなた」ですから、(2)と同じように see の主語を you にして英文を作ります。主語が you、動詞が see、目的語が how many children、これを文頭に出します。child の複数形は不規則な変化をする単語でしたね。「この絵の中に」は修飾語になるので、〈前＋名〉にして、in this picture です。答えの文は **I don't see any children.** になります。一人も見えなくても、any のあとは複数形ですから注意してください。

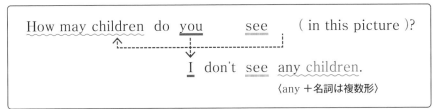

We are teachers.
「私たちは教師です」

☑ 複数の主格代名詞 we / you / they を覚える ▶ 1
☑ 主語が複数の場合の be 動詞を知る ▶ 1
☑ 複数形 these と those の意味と使い方を知る ▶ 2
☑ 主語が複数の be 動詞の文を作る ▶ 2
☑ 主語が複数の一般動詞の文を作る ▶ 3

　今回は主語が複数の文を学びます。

レッスン 1　主語が複数の be 動詞の文：we / you / they

　一人称単数は自分のことでした。「私」も「ぼく」も「オレ」もみんな I でした。**一人称複数**のイメージは、「I ＋他の人」、つまり、I が含まれている複数ということです。

　では、**二人称複数**のイメージはどうでしょう？

> you が含まれている複数で合っていますか？

　そのとおりです。では、**三人称複数**はどうでしょうか？

> he や she や it が含まれている複数？
> なんだかイメージがわきにくいです…。

　逆から考えたらわかりやすいですよ。つまり、I と you を含んでいない複数ということです。I と you を含んでいなければそれでいいので、男性・女性・物の区別もなくなります。

　なお、you and I や he and I など、you / he / she があっても I が含まれる場合は、一人称が優先されて、すべて we になります。

> ▶複数の代名詞の表し方
>
> ○ ＋ ▲ ＋ ……… ＋ I　→　we（I が必ず含まれる複数）
>
> you ＋ ○ ＋ …… ＋ ▲ →　you（you が必ず含まれる複数）
>
> ○ ＋ …………… ＋ ▲　→　they（I も you も含まれない複数）

　単数名詞が主語のときのbe動詞は、一人称の場合はam、二人称の場合はare、三人称の場合はisを用いました。でも、主語が複数のときは、人称にかかわらず、be動詞はすべてareを用います。

　では、「私たちは生徒です」を英語で書けますか？

> **We are a student. で合っていますか？**

　「数えられる名詞は、そのままでは使えない♪ ➡ 第0節 英語のツボ❷ 」が身についてきましたね。でも、ちょっと変です。be動詞は、主語と補語をイコールでつなぐ働きでしたよね？　weが複数なのに、イコールの相手がa studentと単数なのは変です。正しくは、studentを複数形にしてWe are students. です。

> ▶主語が複数の場合の be 動詞の文
>
> **be 動詞はイコールの意味。単数＝ 単数 、複数＝ 複数 の文にする。**
> **主語が複数のときは人称にかかわらず be 動詞は are。**
>
> | 主語 | 動詞 | 補語 |
> |------|------|------|
> | 「～は」 | 「～です」 | 「……」 |
> | I | am | a student. |
> | **単数** | ＝ | **単数** |
> | We | are | students. |
> | **複数** | ＝ | **複数** |

- We are students. 「私たちは生徒です」
- You are teachers. 「あなたたちは先生です」
- They are from Brazil. 「彼らはブラジル出身です」
- Are you from China? 「あなた（たち）は中国出身ですか」
- They are not students. 「彼らは生徒ではありません」

では、 第5節 で書いた代名詞の表に、複数の場合どうなるかを加えて一覧表にします。頭をしっかり整理しておいてくださいね！

◆人称による主格・所有格の代名詞③

単　複		単　数		複　数	
人称 格		主格＋be 動詞	所有格	主格＋be 動詞	所有格
一人称（自分・話す人）		I am	my	We are	our
二人称（相手・聞く人）		You are	your	You are	your
三人称（話題になる人・物）	男	He is	his	They are	their
	女	She is	her		
	物	It is	its		

では、 例題 を解きながら、複数形の文に慣れていきましょう。

例題

次の英文を、[　　]内の指示にしたがって書きかえなさい。

(1) I am a musician. ［下線部を複数形に］

(2) You are an engineer. ［下線部を複数形に］

(3) He is famous in Japan. ［下線部を複数形に］

(4) They are American caps. ［下線部を単数形に］

解答

(1) We are musicians. ／「私たちは音楽家です」

(2) You are engineers. ／「あなたたちは技術者です」

(3) They are famous in Japan. ／「彼らは日本で有名です」

(4) It is an American cap. ／「それは（1つの）アメリカの帽子です」

語句 (1) musician「音楽家」 (2) engineer「技術者」 (3) famous「有名な」 (4) cap「帽子」

解説

(1) I の複数は **We** です。we が主語のときは be 動詞が **are** です。複数とイコールになるのは複数なので、a musician を複数形の musicians にします。

> 主語を単数から複数にすると、
> 変わるところがたくさんありますね……。

そうです。主語が変われば動詞も変わるし、補語も変わります。

(2) 二人称は単数形も複数形も **You**、be 動詞も両方 **are** です。an engineer だけ複数形にします。

(3) He の複数は **They**、They のときは be 動詞が are、ここまでは大丈夫ですね。

> 複数＝複数に気をつける！　× **They are famouses in Japan.** 複数形の -s のつけ方も完璧なはずです。

あれ？　famous って名詞ですか？

> そもそも、この単語を見たことありません！
> 知らない単語です。

知らない単語でも、名詞かどうかわかりますよね？

意味もわからないのに、どうして品詞がわかるのですか？

　主語の he は単数なので、イコールで結ばれる補語が名詞なら、単数の目印である a が書いてあるはずです。でも、a がついていませんね。

たしかに a がありません。名詞でなければ、
この単語はいったい何ですか？

　補語になれるのは何でしたか？（➡ 第3節 p.41）名詞の他にもう1つありましたよ。

▶英文の公式

名詞	動詞	名詞／形容詞
主語	**動詞**	**補語**
「〜は」	「〜です」	「……」

形容詞です！

　正解です！　複数形というのは、名詞だけに許されている形です。形容詞の複数形はありません。famous は「有名な」という意味の形容詞です。

英語の ツボ㉝

●単語の意味がわからなくても、品詞がわかるようになれば
　一人前♪

　(4) They の単数形は He / She / It の3つがあります。補語が caps という「物」なので It にします。be 動詞は is にして、補語も単数にしなければなりません。

補語の caps の -s をとればいいですよね？

　ちがいます。くり返しになりますが、「数えられる名詞は、そのままでは使えない♪ ➡ 第0節 英語の ツボ❷」ですよ！

そうでした。**an American cap** にしなければいけませんでした。単数と複数を入れかえるのは、本当に気がぬけません……。

練習あるのみです。がんばって慣れていきましょう！

▶練習問題◀

次の英文の ( ) 内に、適当な語を書きなさい。

(1) A: Are you a soccer fan?
　　B: Yes, (　　　)(　　　).

(2) A: Are you soccer fans?
　　B: Yes, (　　　)(　　　).

(3) A: Are you and Tom soccer fans?
　　B: Yes, (　　　)(　　　).

(4) A: Are Ken and Tom soccer fans?
　　B: Yes, (　　　)(　　　).

(5) A: Are you and I good friends?
　　B: No, (　　　)(　　　).

▶解答◀

(1) I am ／「あなたはサッカーファンですか」「はい、そうです」
(2) we are ／「あなたたちはサッカーファンですか」「はい、そうです」
(3) we are ／「あなたとトムはサッカーファンですか」「はい、そうです」
(4) they are ／「ケンとトムはサッカーファンですか」「はい、そうです」
(5) we aren't ／「あなたと私は親友ですか」「いいえ、ちがいます」

▶語句◀ (1) fan「ファン」 (5) good friend「親友」

▶解説◀

(1)と(2)は、出だしが同じですが、補語がちがう文です。(1)は補語が a soccer fan という単数なので、主語の you も単数と判断できます。

(2) 補語が soccer fans という複数なので、主語の you も複数です。

(3) 主語の you and Tom は、you を含んでいる複数なので、「あなたたち」で聞いていることになります。

(4) 主語が Ken and Tom で、I も you も含んでいないので they です。they は三人称だから、答えでも三人称のままです。

(5) you と I の場合は一人称が優先されて we になります。答えも we ですよ。No なので、否定文にすることを忘れずに。

レッスン2 this の複数形 these と that の複数形 those

　近くの物を説明するときに用いる this の複数形は these です。遠くの物を説明するときに用いる that の複数形は those です。

　this に「これ」と「この」があったように、these にも「これら」と「これらの」と両方の意味があります。those も「あれら；あれらの」の意味があります。these / those / they はどれも th から始まっていて、区別のできない人が多いので、しっかり覚えてください。

確認しよう

・These are easy books.　　　「これらは簡単な本です」
・Those books are difficult.　　「あれらの本は難しい」

練習問題

次の英文を、[　　]内の指示にしたがって書きかえなさい。

(1) That is a dish. [下線部を複数形に]
(2) This country is large. [下線部を複数形に]
(3) What are these? [答えの文を chairs を用いて]
(4) Are those knives new? [答えの文を Yes を用いて]
(5) These aren't Italian restaurants. [下線部を単数形に]

解答

(1) Those are dishes. ／「あれらは皿です」
(2) These countries are large. ／「これらの国は広いです」
(3) They are chairs. ／「それらはいすです」
(4) Yes, they are. ／「はい、そうです」
(5) This isn't an Italian restaurant. ／「これはイタリアンレストランではありません」

語句　(1) dish「皿」　(2) country「国」／ large「広い」　(3) chair「いす」　(5) Italian「イタ

| 解 説 |

　(1) 主語が複数になれば、動詞も補語も変わります。dish は語尾が -sh なので複数形は -es をつけます➡ 第11節 。

　(2) この文の主語は this country です。this を複数形 these にすると、それに続く country も複数になるので注意が必要です。country は語尾が -y でその前が子音字なので、複数形は y を i に変えて -es をつけます。large は、意味を知っている人も多いかもしれませんが、主語が単数の文なのに補語に a がついてないから形容詞です。語形は変わりません。

　(3) What are these?「これらは何ですか」という問いに答える場合、主語の these を they に置き換えます。this や that は、答えでは it に置き換えたので、these や those は、答えの文では it の複数形 **they** に置き換えます。

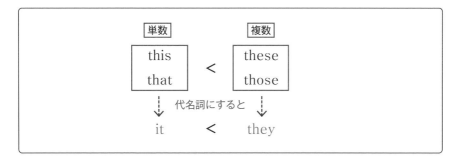

　(4) Are those knives new?「あれらのナイフは新しいですか」という問いには、主語の those knives を they に置き換えて答えます。

　(5) These aren't Italian restaurants.「これらはイタリアンレストランではありません」の these を単数にして this「これは」にすると、be 動詞も is になります。Italian restaurants は -s を取り、母音の前なので an をつけます。

主語が複数の一般動詞の文は〈主語＋動詞＋目的語（＋修飾語）.〉で、主語が一人称・二人称の単数（I /you）の場合とすべて同じです。➡ 第**6**節

否定文は、動詞の前にdo notを置き〈主語＋<u>do not</u>[don't]＋動詞 ～ ?〉、**疑問文**は主語の前にDoを置き〈**Do＋主語＋動詞～ ?**〉で表します。答えるときもdoを用いて答えます。

さっそく例題をやってみましょう。

例 題

次の文を英語になおしなさい。
A：彼らはこのコンピュータを使いますか。
B：いいえ、使いません。古いので、新しいのをほしがっています。

解 答

Do they use this computer? ---No, they <u>don't</u>[do not]. <u>It is</u>[It's] old, so they want a new computer.

語句 computer「コンピュータ」／ old「古い」／ so「だから」／ want「～がほしい」／ new「新しい」

解 説

> 主語は「彼ら」だから **they**。主語が複数のときは、動詞が **are** でしたよね。疑問文だから主語の前に出して、あとに **use this computer** を続けます。合っていますか？

残念ながら、ちがいます。このまちがいはほんとうに多いです。今回の内容は、「主語が複数のときは動詞は are になる」と誤解する人が多く、we や they を見ると、条件反射のように are を書きたくなるようです。

「主語が複数のとき、be 動詞 am / are / is の使い分けに関しては、人称に関係なく are ですよ」と言っているだけです。「<u>英文中に動詞は1つ♪</u> ➡ 第**6**節 **英語の ツボ㉓**」を常に意識してください。<u>Are they use</u> this computer? には、動詞が2つ（are と use）がありますね。一般動詞 use の疑問文ですから、主語の前に置くのは Do です。

Do で聞いたら do で答えるのが当然なのに、No, they と書いた瞬間に

aren't を書きたくなる人が多いようです。No, they のあとは don't です。

　答えの文は、「古い」と「新しいのをほしがっている」の主語を補います。「古い」のはコンピュータなので it を主語にします。「新しいのをほしがっている」のは「彼ら」なので、they を主語にします。It is old と they want a new computer を接続詞 so でつなげば、答えになります。old の前に何でも an をつけてはいけませんよ。

チャレンジ問題

次の文を英語になおしなさい。

(1) A：これらの少年はあなたのきょうだいですか。
　　B：はい、そうです。

(2) A：彼らはこれらの絵が好きですか。
　　B：はい、好きです。

解答

(1) Are these boys your brothers? ---Yes, they are.
(2) Do they like these pictures? ---Yes, they do.

語句　(1) boy「少年」　(2) picture「絵」

解説

(1) A　問いの文の主語は「これらの少年は」です。these のあとの boy を複数形にします（「**日本語に書かれていない部分を英語のルールで補おう♪**→ 第 1 節 **英語の ツボ❺** 」）。主語が複数なので、be 動詞は are です。疑問文なので主語の前に移動します。「複数（主語）＝複数（補語）」の文を作るので、補語を複数にします。the と所有格は、後ろに複数名詞がきても OK でしたね。

　B　答えの文は、these boys を they にします。

(2) A　主語は「彼らは」と複数だからといって、Are で始める be 動詞の疑問文を作った人はいませんか？　これは一般動詞 like の疑問文ですから、主語の前に置くのは Do です。気をつけてください。目的語の「これらの絵」は複数なので、these pictures と複数形にします。

　B　ここは Do で聞かれているので、do で答えます。Yes, they are. とした人はいませんか？　「**答えるときは、疑問文を作るときに主語の前に出した語を用いる♪**→ 第 6 節 **英語の ツボ㉔** 」ですよ！

He plays tennis well.
「彼は上手にテニスをします」

■■ イントロダクション ■■

☑ 一般動詞は、主語が三人称単数の場合、形が変わる ▌1
☑ 一般動詞には2つの形がある ▌1
☑ 一般動詞の否定文・疑問文を作る ▌2
☑ be動詞の文と一般動詞の文を区別する ▌3
☑ 主語が疑問詞になる疑問文を作る ▌4

今回は、be動詞だけでなく、<u>一般動詞も主語によって形が変わる</u>ということを学びます。

レッスン1　3単現の -s

be動詞が、主語が単数か複数か（単複）、一人称か二人称か三人称か（人称）によって形が変わったように（第12節）、一般動詞も形が変わります。一般動詞の場合は、<u>主語が三人称単数のときだけ動詞の語尾に-sをつけます</u>。これを3単現の-sと呼ぶことがあります。

ここで、名詞のことを思い出してください。名詞は、複数のときに語尾に-sをつけましたね（第11節）。-sをつけるという点では名詞も動詞も同じなのですが、動詞は、主語が三人称単数のときに語尾に-sをつけます。つまり、<u>名詞と一般動詞で-sをつける条件がちがうので、混同しないようにしてください</u>。

すべての主語に応じた動詞の形がわかったので、一覧表にしておきます。

◆単数・複数・人称による動詞の使い分け

	単　　数	複　　数
一人称 （自分・話す人）	例 I am 〜 . 例 I play 〜 .	例 We are 〜 . 例 We play 〜 .
二人称 （相手・聞く人）	例 You are 〜 . 例 You play 〜 .	例 You are 〜 . 例 You play 〜 .
三人称 （話題になる人・物）	例 He is / She is / It is 〜 . 例 He plays 〜 . / She plays 〜 . / It plays 〜 .	例 They are 〜 . 例 They play 〜 .

では、この -s の正体を考えていきましょう。

3単現の -s の「3単」とは、**三人称単数**のことです。三人称単数とは、話題になる人や物が一人（一つ）ということです。

実は、これまでに出てきた<u>一般動詞</u>は、「足し算」でできています。どういうことか、次の表で説明します。

確認しよう

◆三人称単数と、一人称・二人称の場合の一般動詞の比較

主語が三人称単数の現在形 plays ＝ 〈does ＋ play〉	主語が一・二人称単数の現在形 play ＝ 〈do ＋ play〉
does が【現在】を表す助動詞 ＋ play が【意味】を表す動詞の原形	do が【現在】を表す助動詞 ＋ play が【意味】を表す動詞の原形
・He <u>plays</u> tennis. 「彼はテニスをします」 ・He <u>doesn't play</u> tennis. 「彼はテニスをしません」 ・<u>Does</u> he <u>play</u> tennis? 「彼はテニスをしますか」 ---Yes, he does. 「はい、します」 ---No, he doesn't. 「いいえ、しません」	・I play tennis. 「私はテニスをします」 ・I don't play tennis. 「私はテニスをしません」 ・Do you play tennis? 「あなたはテニスをしますか」 ---Yes, I do. 「はい、します」 ---No, I don't. 「いいえ、しません」

表を見ると、He plays tennis. の plays は〈does ＋ play〉のように、<u>一般動詞が2つの部分から成り立っている</u>ことがわかると思います。does は「現在」を表し、play は「意味」を表しています。これらが合わさった plays を**現在形**といいます。

▶つまり、一般動詞は主語の単複と人称によって、動詞の原形につく助動詞が異なる、ということ！

does はあくまでも「現在」を表すので、「<u>〜しました</u>」ではなく、「<u>〜します</u>」と訳してください。これで、He plays tennis. が「彼はテニスをします」という意味になるのです。

「現在」を表している部分を**助動詞**、「意味」を表している部分を**動詞の**

原形と呼びます。原形は難しい言葉ですが、とりあえず動詞のもとの形＝辞書に載っている形だととらえましょう。「現在形」と「原形」をしっかり区別できるようになることが、1年生の英語学習のポイントです。今は難しく感じるかもしれませんが、くり返し説明していきますのでご安心ください。

英語の ツボ㉞
●**do / does は一般動詞にのみ用いる助動詞♪**
●**動詞の訳し方は、「現在」を表す部分と、「意味」を表す部分の"足し算"ではじめて決まる！**

さっきの表を見ると、今まで練習してきた I play tennis. の play も足し算の形になっているのですが、どういうことですか？

これもまったく同じように考えればいいのです。

I play tennis. の play は〈do＋play〉です。do は「現在」を表している助動詞、play は「意味」を表している動詞の原形です。それらが合わさった play は現在形になります。**第6節**でこのような説明をしなかったのは、現在形と原形が同じ形でわかりにくいからです。

このように、文字通り助動詞は一般動詞を助ける（補う）役割を持っています。助動詞 do はほっそりしているから、一般動詞の原形にすっぽり隠れてしまうけれど、does はちょっとふっくらしているので、おしりが隠れきれなくて、一般動詞の右側から出てしまうのです。

◆一般動詞を助ける助動詞の役割

意味としての分類なら、be 動詞（am / are / is）はすべて同じなので1種類しかありません。一方で、一般動詞は play（〜をする）、study（〜を勉強する）、speak（〜を話す）など数え切れないほどたくさんの種類

があります。

　ただし、「現在」を表す形という分類だと、be動詞は主語の単複と人称により、am / are / isの3種類あります。一方で、一般動詞は主語の単複と人称によって、-sのつく形とつかない形、（＝動詞の原形にdoesがつく形とdoがつく形）の2種類あるということになります。

英語の ツボ㉟
●**一般動詞は、主語によって、原形と共に用いる助動詞が異なる♪**
●**一般動詞の現在形は2つ、be動詞の現在形は3つ♪**

> わかりました！　主語が三人称単数のときは、一般動詞にはとにかく-sをつければいいのですね！

　すべてにただ-sをつければいい、というわけではないですよ。-sのつけ方は、 **第11節** に出てきた名詞の複数の場合と同じです。

◆一般動詞の-s / -esのつけ方

1	ふつうは、語尾にそのまま-sをつける	例 like「〜が好きだ」 ⇒ likes
2	-s / -sh / -ch / -o で終わる語 ⇒ -es をつける	例 wash「〜を洗う」 ⇒ washes 例 teach「〜を教える」 ⇒ teaches 例 go「行く」 ⇒ goes
3	〈子音字＋-y〉で終わる語 ⇒ -y を-i に変えて-es をつける	例 study「〜を勉強する」 ⇒ studies
4	不規則に変化する語 ⇒ そのまま覚える	例 have「〜を持っている」 ⇒ has

▶子音字：aiueo以外の文字

　主語の単数・複数を正しく見分けて、右側にくる一般動詞を正しく選ぶ練習をしましょう。

練習問題

次の英文の（　　　）内から適当な語を選びなさい。

⑴ Tom (like, likes) dogs very much.

⑵ Tom and Mike (study, studies) English hard every day.

⑶ His sisters (go, goes) to the library every Sunday.

⑷ Our brother (have, has) a new guitar.

解 答

⑴ likes ／「トムはイヌがとても好きです」

⑵ study ／「トムとマイクは毎日英語を一生懸命に勉強します」

⑶ go ／「彼のしまい（姉妹）は、毎週日曜日に図書館に行きます」

⑷ has ／「私たちのきょうだい（兄・弟）は、新しいギターを持っています」

語句 ⑴ very much「とても」 ⑵ and「〜と…」／ hard「一生懸命に」／ every day「毎日」 ⑶ library「図書館」／ every「毎〜」

解 説

⑴ 主語の Tom は三人称単数ですから、続く一般動詞は語尾に -s がついた形になります。

⑵ ここでの主語は Tom と Mike です。2人なので主語が複数です。したがって、続く一般動詞は語尾に -s がつかない形になります。

⑶ 第5節 で練習したように、所有格の単複・人称にだまされないようにしましょう。his は三人称単数の所有格ですが、右側の sister に -s がついているので、his sisters は三人称複数「姉たち［妹たち］」です。したがって、続く一般動詞は語尾に -s がつかない形になります。

⑷ our は一人称複数の所有格ですが、右側の brother に -s がついていないので三人称単数です。したがって、続く一般動詞は語尾に -s がついた形になります。ただし、have の三人称単数は語尾に -s がつかず has という形になるので覚えておいてください。

　日本語は、はっきり単数と複数を区別しない言語なので、⑶や⑷の主語を「彼のきょうだい」とか「私たちのきょうだい」と日本語にしてしまうと、単数か複数かわかりにくくなります。しっかり主語の語尾を見て単複を判断し、続く一般動詞を正しく選びましょう。

英語の ツボ36

●英語は、単語の語尾にたくさんの情報がつまっている♪

レッスン2 一般動詞の否定文・疑問文

1 で、現在形が〈助動詞＋動詞の原形〉だとわかりました。この考え方を使って、「〜しない」いう否定文と、「〜しますか」という疑問文の作り方と答え方を勉強していきましょう。

◆一般動詞の否定文

▶否定文の形

〈 <u>主語</u>　　　＋　　do [does] not　　＋　　<u>動詞の原形 〜</u> . 〉
一人称・二人称・三人称　　　　　助動詞　　　　　　右側は必ず動詞の原形！

▶否定文の作り方

①主語が一人称・二人称・三人称複数の場合、右側の助動詞には do を使う。主語が三人称単数の場合には、右側の助動詞には does を使う。

②助動詞の右側に not をつけ、do not[don't] か does not[doesn't] という形を作る。 ▶don't と doesn't は短縮形といいます。

③助動詞の右側を動詞の原形にする。

▶否定文の例

ふつうの文　He　　　　　us<u>es</u> this computer.
「彼はこのコンピュータを使います」

否定文　<u>He</u> <u>doesn't</u> <u>use</u>　this computer.
　　　　　①　　②　　③
「彼はこのコンピュータを使いません」

語句　use「〜を使う」

149

◆一般動詞の疑問文

▶疑問文の形

$$〈 \text{ Do [Does] } + \underline{\text{主語}} + \underline{\text{動詞の原形}} 〜 ? 〉$$

助動詞　　　一人称・二人称・三人称　　右側は必ず動詞の原形！

▶疑問文の作り方と答え方

①主語の前に助動詞を出す。主語が一人称・二人称・三人称複数の場合、**Do** を前に出す。主語が三人称単数の場合には、**Does** を前に出す。

②主語の右側を動詞の原形にする。

③答えでは、主語の人称に合わせて代名詞➡ 第**12**節 を使う。

④主語の右側では、一般動詞を使わず、助動詞をくり返す。助動詞は、主語の人称に合わせる。

「はい」の場合⇒〈Yes, ＋主語＋ do.〉か〈Yes, ＋主語＋ does.〉

「いいえ」の場合⇒〈No, ＋主語＋ do not[don't].〉か

〈No, ＋主語＋ does not[doesn't].〉

▶疑問文の例

ふつうの文	Your brother teaches math.
	「あなたのお兄さんは数学を教えます」

疑問文	Does your brother teach math?
	①　　　　　　　　②
	「あなたのお兄さんは数学を教えますか」

答え	Yes, he does.	「はい、教えます」
	③　④	
	No, he does not[doesn't].	「いいえ、教えません」
	③　④	

英語の ツボ㊲

●否定文は助動詞のあとに not をつける♪

●疑問文は主語の前に助動詞を出す♪

●答えるときは、助動詞をくり返す♪

練習問題 ❶

次の英文を [　　] 内の指示にしたがって書きかえなさい。

(1) He uses this computer. ［否定文に］

(2) She watches TV after dinner. ［否定文に］

(3) I speak Spanish. ［否定文に］

(4) Your brother teaches math.［疑問文にして Yes で答える］

(5) Their mother cooks every day.［疑問文にして No で答える］

(6) They live in New York.［疑問文にして No で答える］

解答

(1) He doesn't[does not] use this computer.／「彼はこのコンピュータを使いません」

(2) She doesn't[does not] watch TV after dinner.／「彼女は夕食後テレビを見ません」

(3) I don't[do not] speak Spanish.／「私はスペイン語を話しません」

(4) Does your brother teach math? ---Yes, he does.／「あなたのお兄さん［弟さん］は数学を教えますか」「はい、教えます」

(5) Does their mother cook every day? ---No, she doesn't[does not].／「彼らのお母さんは毎日料理をしますか」「いいえ、しません」

(6) Do they live in New York? ---No, they don't[do not].／「彼らはニューヨークに住んでいますか」「いいえ、住んでいません」

語句 (1) computer「コンピュータ」 (2) watch TV「テレビを見る」／after dinner「夕食後に」 (3) speak「～を話す」／Spanish「スペイン語」 (4) teach「～を教える」 (5) mother「母親」／cook「料理する」(6) live「住む」／New York「ニューヨーク」

解説

　その英文の助動詞が do なのか does なのかは、主語でもわかりますが、動詞の語尾を見れば確実に判断できます。「**英語は、単語の語尾にたくさんの情報がつまっている♪** ➡ **英語の** **ツボ㊱**」。

　do / does の右側に続く一般動詞は必ず原形です。この練習問題には be 動詞の文はありませんよ。否定文や疑問文にするときに、勝手に be 動詞を登場させるまちがいをしないようにしましょう「**英文中に動詞は1つ♪** ➡ **第6節** **英語の** **ツボ㉓**」。

(1) 主語が三人称単数なので、動詞 use に -s がついています。否定文にするには動詞の前に does not[doesn't] をつけて、動詞を原形 use にもどします。

(2) -ch で終わっている語なので -es がついています。原形は × watche ではなく watch です。

(3) 主語が I という一人称の文の否定文にするので、<u>do not</u>[don't] を動詞の前につけます。

(4) your brother は三人称単数です。does で疑問文を始めて、動詞は原形にします。答えるときは your brother を代名詞 he に置き換えます。

(5) their mother は三人称単数です。答えるときは主語を代名詞 she に置き換えます。

(6) they を見た瞬間に動詞は are だと決めつけていませんか？ この文の動詞は live です。they は三人称複数なので、do を使った疑問文にします。

　一般動詞は、主語によって動詞の原形につく助動詞が異なることを、別の角度から問題を解いて確認してみましょう。

練習問題 ❷

次の英文の下線部を [　　] 内の語句にかえて、全文を書きかえなさい。

(1) I don't wash the car on Monday. [My father]

(2) Does <u>she</u> clean the classroom every day? [her students]

(3) What do <u>they</u> usually do on Sunday? [their son]

解答

(1) My father <u>doesn't</u>[does not] wash the car on Monday. ／「私の父は月曜に車を洗いません」

(2) Do her students clean the classroom every day? ／「彼女の生徒たちは毎日教室をそうじしますか」

(3) What does their son usually do on Sunday? ／「彼らの息子は日曜にたいてい何をしますか」

語句 (1) wash「～を洗う」／ Monday「月曜日」 (2) classroom「教室」 (3) usually「たいてい」／ Sunday「日曜日」／ son「息子」

解説

　主語が変わることによって変化するのは、助動詞の do と does です。そのあとの動詞は常に原形です。

(1) I は一人称単数で My father は三人称単数です。don't wash を <u>doesn't</u>[does not] wash にします。× don't wash<u>es</u> と助動詞を変えずに動詞を変えてはいけません。

(2) she は三人称単数なので does で疑問文が始まっています。her students は三人称ですが**複数**なので、do を使います。

(3) 文中に do が2つあります。1つ目の do が助動詞の do、2つ目の do が「～をする」という意味の動詞です。× What do their son usually does ～？などと、2つ目の do を does にしていませんか？

　もし、ここまでの段階で、一般動詞の否定文・疑問文を作るときに、be 動詞を使うまちがいをするようでしたら、**第6節**にもどって復習してから先に進みましょう。

> **レッスン3**　be 動詞の文と一般動詞の文の区別

　ここまでの学習を終えて、だんだん「be 動詞」と「一般動詞」の区別がつかなくなっているという人もいるかもしれません。一度、おさらいをしましょう！
　be 動詞と一般動詞はそれぞれどのようなものでしたか？

> **am / are / is** の3つが be 動詞、それ以外は一般動詞です！

　そうでしたね。「be 動詞 (am / are / is) 以外の動詞は一般動詞♪ ➡ **第6節** **英語の** **ツボ㉑**」です。そして、「英文中に動詞は1つ♪ ➡ **第6節** **英語の** **ツボ㉓**」なので、be 動詞と一般動詞が1つの文の中で同時に使われることは絶対にありません。

　英文を見たら、まず、主語の右側にある動詞を見つけてください。また、「do / does は一般動詞にのみ用いる助動詞♪ ➡ **英語の** **ツボ㉔**」なので、do と does は、be 動詞の文には使えません。この点にも注意してくださいね。

練習問題 ❶

次の英文を [　　　] 内の指示にしたがって書きかえなさい。

(1) He is from Tokyo. ［否定文に］

(2) She comes from Tokyo. ［否定文に］

(3) Mr. Kato is a good baseball player. ［疑問文にして Yes で答える］

(4) Mr. Kato plays baseball well. ［疑問文にして No で答える］

(1) He isn't from Tokyo. ／「彼は東京出身ではありません」

(2) She doesn't come from Tokyo. ／「彼女は東京から来たのではありません」

(3) Is Mr. Kato a good baseball player? ---Yes, he is. ／「加藤先生は野球が上手ですか」「はい、上手です」

(4) Does Mr. Kato play baseball well? ---No, he doesn't. ／「加藤先生は野球が上手ですか」「いいえ、上手ではありません」

■ 解 説

(1) 動詞は is、be 動詞の文です。

(2) 動詞は comes、助動詞は does、一般動詞の文です。

(3) 動詞は is、be 動詞の文です。

(4) 動詞は plays、助動詞は does、一般動詞の文です。

例題 を解きながら、be 動詞の文なのか、一般動詞の文なのかを判断する練習をしていきましょう。今回もまずは、動詞に目を向けることがポイントです。

■ 例 題

次の英文の (　　) 内に適当な語を入れ、意味の通る英文にしなさい。

(1) A: (　　　　　) your father famous in your city?

　　B: Yes, (　　　　)(　　　　).

(2) A: (　　　　　) this backpack have many pockets?

　　B: Yes, (　　　　)(　　　　).

■ 解 答

(1) Is / he is ／「あなたのお父さんはあなたの市で有名ですか」「はい、有名です」

(2) Does / it does ／「このリュックサックにはたくさんのポケットがありますか」「はい、あります」

語句 (1) famous「有名な」／ city「市」 (2) backpack「リュックサック」／ pocket「ポケット」

> **解説**

　be 動詞の文なのか、一般動詞の文なのかを判断する問題は 第6節 でもやりましたが、何を見つけて判断するのか覚えていますか？

> 主語の右側に一般動詞があるかどうかですよね。

　そうです！　主語の右側の単語の品詞に着目するのでした！

　(1) 主語は your father で famous（有名な）は形容詞なので、動詞がありません。be 動詞の文です。your father は単数なので、問いの文の空所は Is、答えの文は代名詞 he と is を使って答えます。

　(2) 主語は this backpack、そのあとに have があるので一般動詞の文です。

> 主語の**this backpack**は「このリュックサック」という「物」なので、イメージ的に **be** 動詞の文だと思っていました…。

　イメージだけで答えるのはやめましょう。ちゃんと have を見つけるようにしてください。問いの文の空所は Does、答えは代名詞 it を使って、Yes, it does. という文になります。

> **it does** って、なんだか変な言い方に感じます。

　人以外の物が主語になる一般動詞の文は、これからどんどん出てきます。先ほど言ったように、イメージとか感覚とかといったあいまいなものは、思い切って捨ててください！

> **練習問題 ❷**

次の英文の（　　）内に適当な語を入れ、意味の通る英文にしなさい。

(1) A: (　　　　　) your sister practice the piano on Monday?
　　B: Yes, (　　　　)(　　　　).

(2) A: (　　　　　) your parents sumo fans?
　　B: No, (　　　　)(　　　　).

(3) A: (　　　　) these animals eat bananas?
　　B: No, (　　　　)(　　　　).

⑴ Does ／ she does ／「あなたのお姉さん［妹さん］は月曜日にピアノを練習しますか」「はい、練習します」

⑵ Are ／ they aren't ／「あなたのご両親は相撲ファンですか」「いいえ、ちがいます」

⑶ Do ／ they don't ／「これらの動物はバナナを食べますか」「いいえ、食べません」

語句 ⑴ practice「〜を練習する」 ⑵ parent「親」 ⑶ animal「動物」／ banana「バナナ」

解 説

⑴ A 主語は your sister、そのあとに practice（〜を練習する）があるので一般動詞の文と判断できます。sister は単数なので助動詞 does を使います。B 答えの文では your sister を代名詞 she にします。

⑵ A 主語は your parents、あとは sumo fans なので動詞はありません。be 動詞の文と判断できます。parent に -s がついているので複数です。B 答えの文では your parents を代名詞 they にします。

⑶ A 主語は these animals、そのあとに eat（〜を食べる）があるので一般動詞の文です。主語の animal に -s がついているので複数です。したがって、助動詞は do です。B 答えの文は、these animals を代名詞 they にして、No とあるので don't が入ります。

レッスン4 **主語が疑問詞になる疑問文**

◆疑問詞を用いた疑問文の復習

　聞きたいことをたずねるときに、疑問詞の疑問文を用いてたずねることはすでに勉強しました。

　まずは、いくつかの疑問詞を用いた疑問文とその答え方について、復習しておきましょう。第7節、第11節で扱った文例のまま、主語だけ変えてあります。助動詞の選択とあとに続く動詞が原形になっているかどうかも確認してください。

練習問題 ❶

次の文を英語になおしなさい。

(1) A：マイクは手に何を持っていますか。
　　B：ペンです。

(2) A：あなたのお姉さんはたいてい日曜日に何をしますか。
　　B：自分の部屋をそうじします。

(3) A：あなたとあなたのお兄さんはどんな音楽が好きですか。
　　B：ポップス（pop music）です。

(4) A：彼は何台自転車を持っていますか。
　　B：2台です。

解答

(1) A: What does Mike have in his hand?
　　B: He has a pen.

(2) A: What does your sister usually do on Sunday?
　　B: She cleans her room.

(3) A: What music do you and your brother like?
　　B: We like pop music.

(4) A: How many bikes does he have?
　　B: He has two (bikes).

解説

(1) 主語は「マイク」という三人称単数で、「～を持つ (have)」という動詞を使う一般動詞の文です。目的語が what になって文頭に移動します。答えの文は Yes / No ではなく、何を持っているかを答えています。

(2) 主語は「あなたのお姉さん」という三人称単数で、「～をする (do)」を使う一般動詞の文です。

(3) 主語は「あなたとあなたのお兄さん」という二人称複数で、「～が好き (like)」を使う一般動詞の文です。目的語が What music になって文頭に移動します。答えの文では、一人称複数の代名詞 We を使います。

(4) 主語は「彼は」という三人称単数で数をたずねています。〈How many ＋名詞の複数形〉を用います。

◆主語をたずねる疑問文

今回は「だれが」「何が」といった主語をたずねる疑問文を学びます。
まず、下線部をたずねる例題を解いてみましょう。

例 題

次の英文の下線部が答えの中心になる疑問文を作りなさい。
I read this magazine every month.

解 答

Who reads this magazine every month? ／「だれが毎月この雑誌を読みますか？」

解 説

ここでも「下線部が答えの中心になる疑問詞を用いた疑問文の作り方」
の手順で解きます。ただし、次の作り方はまだ完成形ではありません。

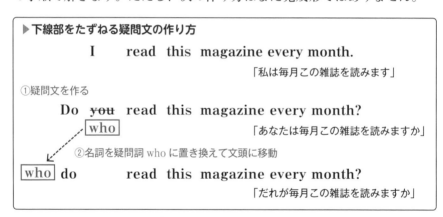

▶下線部をたずねる疑問文の作り方

I   read this magazine every month.
　　　　　　　　「私は毎月この雑誌を読みます」

①疑問文を作る

Do you read this magazine every month?
　who
　　　　　　　　「あなたは毎月この雑誌を読みますか」

②名詞を疑問詞 who に置き換えて文頭に移動

who do   read this magazine every month?
　　　　　　　　「だれが毎月この雑誌を読みますか」

まずは、Who do read this magazine every month? という英文が
できあがりました。ここから少し考えていきましょう。be 動詞も一般動
詞も、主語によって形が変わりました。主語が I から who に変わったので、
動詞の形のチェックをします。

英語の ツボ㊳
●主語が変わったら動詞の語形をチェックする♪

who や what は**三人称単数**として扱うことが決まっています。たしかに I でも you でもないし、複数の -s もありませんからね。なので、助動詞を do から does に変える必要があります。Who <u>does read</u> …? になりました。さあ、ここで何か気づくことはありませんか？

do	does
read	read
↓	↓
read	reads

does（助動詞）と read（動詞の原形）が隣になったときは、動詞を現在形にするということですか？

よく気づきましたね。そのとおりです♪　疑問文だから「does」と「動詞の原形」に分けなくては、という心理が働くので、× Who <u>does read</u> …? のままの答えが多いのですが、does は主語の前に出して疑問文を作るのでした。主語は who です。でも、疑問詞は必ず文頭に移動します。そのため、助動詞と動詞の原形がとなりになってしまうことから、<u>この2語（助動詞と動詞の原形）を現在形1語にまとめる</u>必要があります。

× Who <u>do read</u> this magazine every month?
× Who <u>does read</u> this magazine every month?
○ Who <u>reads</u> this magazine every month?

答えるときは、問いの主語と答えの主語が対応します。つまり、Who に対して I が対応します。動詞は主語に応じて do か does を用い、動詞以下を do / does で代用します。It's I. のように、何でも It's で答えてはいけませんよ。

確認しよう

疑問詞 who が主語の疑問文
Who reads this magazine every month?「だれが毎月この雑誌を読みますか」
答え方　---I do.「私です」

次の文を英語になおしなさい。

(1) A：マイク（Mike）はだれに毎日電話をかけますか。

  B：アン（Ann）です。

(2) A：だれが毎日マイクに電話をかけますか。

  B：アンです。

(3) A：何人の日本人がアメリカで野球をしていますか。

  B：30 人です。

解 答

(1) Who does Mike call every day? ---He calls Ann (every day).

(2) Who calls Mike every day? ---Ann does.

(3) How many Japanese play baseball in America? ---Thirty (Japanese) do.

語句 (1) call「～に電話をかける」 (3) Japanese「日本人」

解 説

　まず、目的語を疑問詞にするのか、主語を疑問詞にするのか、日本語を読んで判断します。注意することをもう一度くり返しておきます。

　「問いと答えは同じことを述べている♪ つまり、問いと答えの主語・動詞・目的語はそれぞれ対応している（同じことを述べている）♪ ➡ 第**4**節 **英語の ツボ⑱**」「英文を書くときは、必ず主語から考える。（一般動詞の場合は）主語→動詞→目的語→修飾語の順に考える♪ ➡ 第**4**節 **英語の ツボ⑲**」でしたね。

(1) A 主語は Mike、動詞は call、主語が三人称単数なので、主語の前に助動詞 does を置き、主語のあとに動詞の原形 call を置きます。目的語は「だれに」who で文頭に移動します。あとに修飾語の every day を置きます。call は|他|なので注意してください。

　　B 主語の Mike を He に置き換えます。動詞は、助動詞 does と動詞 call を合わせて現在形の calls に、目的語は Ann になります。修飾語は、答えの文ではくり返さなくても大丈夫です。

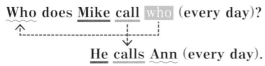

Who does Mike call who (every day)?

He calls Ann (every day).

▶ every day は省略しても OK

(2) A 主語は Who、動詞は call です。who は三人称単数なので動詞の現
在形 calls をそのまま続けます。**目的語**は Mike、**修飾語**は every day
です。

B 主語は Who に対して Ann です。Ann は三人称単数なので、does
で動詞以下を代用します。× It's Ann. や× She's Ann. としないよう
に注意してください。問いと答えの対応をいつも考えましょう。

Who calls Mike (every day)?

Ann does .

(3) A **主語**は「何人の日本人」なので、How many Japanese が主語です。
Japanese は単数も複数も同じ形です。many のあとに <u>複数形の
Japanese</u> が書いてあることになります。**動詞**は play ですが、How
many Japanese という主語が複数なので助動詞は do、原形と合わせ
た現在形は play です。「アメリカで」は**修飾語**です。「アメリカで」は、
「～の中で」の in を用いた〈前置詞＋名詞〉の形で表します。

B まず、How many Japanese と対応するのが Thirty (Japanese)
です。主語が複数なので、do で動詞以下を代用します。

How many Japanese play baseball (in America)?

Thirty (Japanese) do.

▶ Japanese は省略しても OK

161

He plays tennis with me.
「彼は私とテニスをします」

■■ イントロダクション ■■

☑ 他動詞のあとの代名詞は目的格である ▶ ①
☑ 目的格の代名詞の種類を知る ▶ ①
☑ 前置詞の目的語とは、前置詞のあとの名詞のことである ▶ ①
☑ 主格と所有格、目的格の代名詞を区別する ▶ ①
☑ 疑問詞 who が前置詞の目的語の疑問文を作る ▶ ②

今回は**目的格**の代名詞を学びます。

レッスン **1** 　目的格の代名詞

久しぶりに代名詞の勉強です。主語になる**主格** ▶ 第**4**節 第**5**節 と、限定詞の１つである**所有格** ▶ 第**2**節 を学びました。今回は**目的語**になるときの形である**目的格**を学びます。一覧表に目的格を加えます。**目的語**は<u>他動詞のあとの名詞</u>ということも思い出してくださいね。

◆人称による主格・所有格・目的格の代名詞

単　複　　格 人称	単　数			複　数		
	主格	所有格	目的格	主格	所有格	目的格
一人称 （自分・話す人）	I	my	me	we	our	us
二人称 （相手・聞く人）	you	your	you	you	your	you
三人称 （話題になる 人・物）	he	his	him	they	their	them
	she	her	her			
	it	its	it			

次の２つの英文の意味はわかりますか？

- Mike loves Emi.
- Emi loves Mike.

> 動詞の前が主語、後ろが目的語だから、Mike loves Emi. は「マイクはエミを愛している」です。Emi loves Mike. は「エミはマイクを愛している」です。

　そのとおりです。固有名詞である名前は、主語のときも目的語のときも形を変えません。それでも語順で意味はわかりますね。

　今度はMikeとEmiをそれぞれ代名詞に置き換えて書くと、He loves her. と She loves him. になります。代名詞は目的格になる場合も形が変わります。

◆前置詞の目的語

　他動詞のあとの名詞が目的語と言いましたが、もう1種類、目的語になるものがあります。それが前置詞のあとの名詞です。これを前置詞の目的語といいます。

　前置詞には、at / in / on / with / for などがあり、名詞の前に置いてさまざまな意味をつけ足します。

　日本語の訳を書くときに、他動詞ならhave「～を持っている」、前置詞ならin「～の中で」のように、「～」をつけるように説明したのを覚えていますか？　この「～」は、ここに必ず名詞が必要ですよ、というメッセージだったのです。そしてこの「～」が目的語というわけです。

確認しよう

　・She loves him. 「彼女は彼を愛しています」
　・He plays tennis with me. 「彼は私とテニスをします」

練習問題 ❶

次の英文の下線部を入れ替えて、全文を書きかえなさい。

(1) I love you.

(2) They like her.

(3) He doesn't know us.

(4) Do you help him every day?

(5) We sometimes cook dinner for her.

解答

(1) You love me. ／「あなたは私を愛しています」
(2) She likes them. ／「彼女は彼らが好きです」
(3) We don't[do not] know him. ／「私たちは彼を知りません」
(4) Does he help you every day? ／「彼は毎日あなたを手伝いますか」
(5) She sometimes cooks dinner for us. ／「彼女はときどき私たちに夕食を作ります」

語句 (5) sometimes「ときどき」／ cook「～を料理する」／ dinner「夕食」

解説

(1) 入れ替えということは、主語になるときは**主格**に、目的語になるときは**目的格**の代名詞に変える、ということです。主格 I を目的格にすると me に、目的格 you を主格にすると同じく you になります。
(2) 主格 they を目的格の them に、目的格の her を主格の she に変えます。ここで気をつけなければならないことは、「**主語が変わったら動詞の語形をチェックする♪**➡第13節 英語のツボ38」です。主語が they という三人称複数から she という三人称単数に変わったので、動詞に -s をつけることを忘れないようにしましょう。
(3) (4)は助動詞にも注意します。「**一般動詞は、主語によって、原形と共に用いる助動詞が異なる♪**➡第13節 英語のツボ35」でしたね！ (3)は主語が he から we に変わるので、doesn't を don't にします。
(4) は主語が you から he に変わるので、does から疑問文を始めます。
× Do he helps you every day? ではありませんよ！
(5) 主語を we から she という三人称単数に変えます。sometimes があっても、動詞の cook に -s をつけることを忘れずにしましょう。

では、次に、代名詞の主格・所有格・目的格の使い分けができるか、練習問題で確認しましょう。

練習問題 ❷

次の英文の（　　）内から適当な語を選びなさい。
(1) (She, Her) plays the piano well.
(2) Does (he, his) mother play the piano well?
(3) I sometimes help (his, him).
(4) He sometimes helps (me, my) aunt.

(5) I study English with (you, your) after school.

(6) Do you study English with (us, our) brother on Sunday?

▌解 答

(1) She ／「彼女はピアノが上手です」

(2) his ／「彼のお母さんはピアノが上手ですか」

(3) him ／「私はときどき彼を手伝います」

(4) my ／「彼はときどき私のおばを手伝います」

(5) you ／「私は放課後あなたと一緒に英語を勉強します」

(6) our ／「日曜日にあなたは私たちのきょうだいと英語を勉強しますか」

語句 (4) aunt「おば」

▌解 説 ◀

(1) 後ろに plays という動詞があるので、主格 She が正解です。

> <u>She</u> plays the piano (well).

(2) Does があるからと、何も考えずに he を選んだ人はいませんか？ 後ろに名詞があるときは必ず所有格ですよ。所有格 his は名詞につく限定詞なので、〈所有格＋名詞〉は主語にもなれば、目的語にもなります。

名詞のかたまりを作る練習をしていた「**数えられる名詞 (単数) には必ず限定詞を 1 つつける♪ ➡ 第3節 英語の ツボ⑭**」「**正しい名詞のかたまりを作ることからスタートする♪ ➡ 第3節 英語の ツボ⑬**」の学習を振り返りましょう。

まず、後ろに名詞があるかどうかをチェックしてください。そうすれば、英文の構造が見えてくるはずです。「いつも英文を、主語、動詞、目的語、修飾語に分けて考えるクセをつける♪ ➡ 第6節 英語の ツボ㉒」「英文全体を見て考える♪ ➡ 第2節 英語の ツボ⑩」もしっかり思い出してくださいね。

後ろに mother があるので所有格 **his** です。his mother が主語なので、does を使っていたのです。文の構造が理解できましたか？

> Does <u>his mother</u> play the piano (well)?

(3) 後ろに名詞がなく、help の目的語の部分が問題になっているので、目的格の代名詞 him を選びます。

I (sometimes) help him.
---

(4)〈所有格＋名詞〉のかたまりの my aunt が helps の目的語です。

He (sometimes) helps my aunt.
---

(5) 後ろの after school は〈前置詞＋名詞〉の修飾語です。ということは、前置詞の目的語の部分が問題になっています。なので、目的格 you となります。

I study English (with you) (after school).
---

(6) 後ろに brother があるから所有格 our を選びます。our brother が with の目的語です。

　大文字からピリオドまでをちゃんと見ている人は、どんどん英語ができるようになります。「いつも英文を、主語、動詞、目的語、修飾語に分けて考えるクセをつける♪ ➡ 第6節 英語の ツボ㉒」ことが大切です。

Do you study English (with our brother) (on Sunday)?

レッスン2 疑問詞 who が前置詞の目的語の疑問文

今度は who「だれ」が前置詞の目的語の疑問文を学びましょう。

例題

次の文を英語になおしなさい。

(1) 私は彼が好きです。

(2) A：あなたはだれと野球をしますか。

　　B：彼らとします。

■解答

(1) I like him.

(2) Who do you play baseball with? ---I play baseball[it] with them.

■解説

(1) 主格と目的格の代名詞の問題です。

> **I like のあとが he なのか、him なのかがわからないです。**

どうして悩んでいますか？

> 主格、所有格、目的格は、日本語にしたら「～は;～が」「～の」「～を;～に」ですよね？ 「彼が」だから主格かな、と思ったのですが、動詞のあとだからちょっと変かなと思って…。

　残念ですが、日本語でそのように覚えている人は、「彼が」＝ he としてしまうのです。主語になるのか、目的語になるのか、英語で考えましょう。(2)の場合も「彼らと」の「～と」は何格になるのだろう、と余計に考えることになります。日本語で考えてもいいことはありません。

　(2)「だれと」を英語にすることから考えようとしていませんか。いつも「**英文を書くときは、必ず主語から考える。一般動詞の場合は主語→動詞→目的語→修飾語、の順に考える♪** ➡ 第**4**節 **英語の ツボ⑲** 」ですよ。

> 主語は you で動詞は play ですよね。そして、主語が you で一般動詞の疑問文だから、**do** を主語の前に置きます。目的語は baseball です。結局「だれと」が残りました…。

目的語のあとは何がきますか？

> 修飾語だから、〈前置詞＋名詞〉です。

そうですね。では、「トムと」だったらどうなりますか？

with Tom です。

そのとおりです！　Tom のところがだれなのか不明で「だれ」になるのですから、Tom を Who に置き換えて文頭に移動すればいいのです。

> Do you play baseball (with ~~Tom~~)?
> ⌐-------------------------------------→ who　名詞 Tom を疑問詞 who に
> └┄┄┄┄┄┄┄┄┄┄┄┄┄┄┄┄┄┄┄┄┄┄┄┄┄┄┄┄　　　置き換えて文頭に移動
> Who do you play baseball with?

who はそんなこともできるのですか！

who も what も名詞を置き換えているので、前置詞のあとの名詞だって、who や what に置き換えられますよ。実は 第8節 で説明しています。最後の問題を確認してみてください。

さて、答えの書き方は、「問いと答えは同じことを述べている♪　つまり、問いと答えの主語・動詞・目的語・修飾語はそれぞれ対応している（同じことを述べている）♪ ➡ 第4節 英語の ツボ⑬ 」でやってみてください。

答えの主語は I、動詞は play、目的語は baseball、修飾語は with …、前置詞のあとだから、「彼ら」は目的格の them ですね。

そうです。すばらしいです！　ちなみに目的語の baseball は、目的格の it に置き換えても大丈夫です。「彼らとします」の日本語だけを見て、目的語を書かない人がいますが、目的語は必ず書いてください！　主語、動詞、目的語は、忘れてはいけない必要な部分です。

> Who) do you play baseball (with?
> 　　 I 　play baseball[it] (with them).

ここまで学習してきた主格・目的格や代名詞、疑問詞、一般動詞を組み合わせて、次の英作文の問題に挑戦しましょう。

チャレンジ問題

次の文を英語になおしなさい。

(1) A：彼らはだれとテレビでサッカーの試合を見ますか。
　　B：私たちです。
(2) A：だれが彼らとテレビでサッカーの試合を見ますか。
　　B：私たちです。

解答

(1) Who do they watch a soccer game on TV with? ---They watch it[a soccer game] (on TV) with us.

(2) Who watches a soccer game on TV with them? ---We do.

語句 (1) game「試合」

解説

(1) 目的語が疑問詞になる疑問文です。正しく主格と目的格を使い分けられましたか？　答えの文は日本語にない「彼らはそれ（サッカーの試合）を見ます」を補って英文にします。

Who) do they watch a soccer game (on TV)(with?
They watch a soccer game[it] (on TV) (with us).

(2) 主語が疑問詞になる疑問文です。who は三人称単数扱いなので、助動詞は does ですが、答えの文は we が主語ですから、助動詞は do です。

Who watches a soccer game (on TV)(with them)?
We do.

This bike is mine.
「この自転車は私のものです」

イントロダクション

☑ 「〜のもの」という意味の所有代名詞の使い方を知る
☑ 所有格と所有代名詞の関係を知る ▶ 2
☑ 疑問詞 whose を使って「だれの〜ですか」とたずねる文を作る ▶ 3
☑ who と whose を使った疑問文を正しく作る ▶ 3

　今回は所有代名詞と、whose の疑問文を学びます。

レッスン **1**　所有代名詞

　今まで主格・所有格・目的格の代名詞を学んできました。今回はそれら
に加えて、所有代名詞を学びましょう。新しく覚える代名詞を一覧表に加
えてみます。

◆人称代名詞と所有代名詞

単複	単　　数				複　　数			
代名詞・格	人称代名詞			所有代名詞	人称代名詞			所有代名詞
人称	主格	所有格	目的格		主格	所有格	目的格	
一人称 (自分・話す人)	I	my	me	mine	we	our	us	ours
二人称 (相手・聞く人)	you	your	you	yours	you	your	you	yours
三人称 (話題になる人・物)	he	his	him	his	they	their	them	theirs
	she	her	her	hers				
	it	its	it	-				

　ふつうは九九を覚えるように、「アイ、マイ、ミー、マイン…」と4つ続
けて覚えますが、**所有代名詞**は、**主格、所有格、目的格**とちがう種類の代
名詞だ、ということを意識してもらいたいので、**人称代名詞**と**所有代名
詞**を区別して理解してください。

　代名詞にはいろんな種類があるのですね…。

そうなのです。今までは人称代名詞しか扱ってこなかったので、わざわざ人称代名詞とは言いませんでしたが、代名詞にもいろいろな種類があるのです。①**人称代名詞**、②**所有代名詞**は前ページの表にあるとおりです。

とくに代名詞の名前を説明していませんでしたが、this、that は③**指示代名詞**と呼ばれています。もう1つ大事な④**疑問代名詞**については、第**16**節 で説明します。

レッスン2　所有格と所有代名詞の関係

所有格と所有代名詞は、名前が似ていますね。何が同じで何がちがうのでしょうか。どちらも「所有」がついているように、持ち主を表しているところは同じです。ちがいは後ろに名詞を置くか置かないかです。

代名詞の所有格のあとは名詞を置き、所有代名詞のあとには名詞を置きません。つまり、**所有代名詞**というのは、〈代名詞の所有格＋名詞〉を1語で置き換えたもの、と考えればよいです。

日本語では「**〜のもの**」になるので、あとに名詞を置くのは変だな、とわかりますね。my と mine は形が変わりますが、それ以外は所有格のあとに s をつければ所有代名詞になります（his のみ形はそのまま）。ふつうの名詞は〈名詞＋'s 〉と -'s（アポストロフィ＋s ）をつければ所有代名詞になります。

確認しよう

　・This bike is mine.　「この自転車は私のものです」
　・This car is my sister's.　「この車は私の姉のものです」

例 題

次の英文の（　　　）内に、mine / yours / his / hers から適当な語を選んで書きなさい。

(1) A: Is this Mr. Kato's pen?
　　B: Yes, it is. It's (　　　　).
(2) A: Is that your bag?
　　B: No, it's not. It's not (　　　　). It's my father's.
(3) A: Is this your sister's guitar?
　　B: Yes, it is. It's (　　　　).

(4) Ken: What's your name?

Tom: Tom.　What's (　　　　)?

Ken: Ken.

解　答

(1) his ／「これはカトウさんのペンですか」「はい、そうです。彼のものです」

(2) mine ／「あれはあなたのかばんですか」「いいえ、ちがいます。私のものではないです。私の父のものです」

(3) hers ／「これはあなたのお姉さんのギターですか」「はい、そうです。彼女のものです」

(4) yours ／「あなたの名前は何ですか」「トムです。あなたの（名前）は何ですか」「ケンです」

語句　(1) pen「ペン」

解　説

　この問題は **第2節** の **練習問題** を使って、所有代名詞で答える問題に変えたものです（➡ p.34）。**第2節** とちがい、後ろに名詞がありません。(4)だけちょっと変えましたが、答えはもうわかるはずです。それぞれ、

(1) his pen（彼のペン）だったところを his（彼のもの）にします。

(2) my bag（私のかばん）だったところを mine（私のもの）にします。(2)の最後 my father's は〈名詞＋'s〉の形で「私の父のもの」という意味になります。

(3) her guitar（彼女のギター）だったところを hers（彼女のもの）にします。

(4) 相手の名前を聞いているので、your name を yours にします。

練習問題 ❶

次の各組の英文がほぼ同じ内容になるように、（　　　　）内に適当な語を書きなさい。

(1) This is our house.

　= This house is (　　　　).

(2) Those are their books.

　= Those books are (　　　　).

■解　答■

(1) ours ／「これは私たちの家です」「この家は私たちのものです」

(2) theirs ／「あれらは彼らの本です」「あれらの本は彼らのものです」

語句　(1) house「家」

■解　説■

　(1)・(2)のどちらも、所有格についていた名詞が this や those の後ろについたので、所有代名詞を用いれば同じ意味になります。

　所有代名詞は、be 動詞のあとに置くのが定番のようなイメージがありますが、〈代名詞の所有格＋名詞〉を置き換えただけですから、主語にも目的語にも用いることが可能です。〈代名詞の所有格＋名詞〉が主語にも目的語にも用いられることは、**第14節**の**練習問題❷**で確認しました（➡ p.164）。ここでは、所有代名詞が**目的語**として用いられる例を練習してみましょう。

■練習問題 ❷■

次の英文の（　　）内に適当な代名詞を書きなさい。

(1) My cat is white and small, but your cat is black and big.　So my cat is different from (　　　　).

(2) A: Is this your bike?

　　B: No, it isn't (　　　　).　It's my sister's.

(3) A: Is this your bike?

　　B: Yes, it is.　I like (　　　　) very much.　I like my car, too.

■解　答■

(1) yours ／「私のネコは白くて小さいですが、あなたのネコは黒くて大きいです。だから、私のネコはあなたのものとは異なります」

(2) mine ／「これはあなたの自転車ですか」「いいえ、それは私のものではありません。それは姉［妹］のものです」

(3) it ／「これはあなたの自転車ですか」「はい、そうです。私はそれがとても好きです。私は自分の車も好きです」

語句　(1) cat「ネコ」／ white「白い」／ small「小さい」／ black「黒い」／ big「大きい」／ be different from「〜と異なる」(3) too「〜も」

(1) be different from は「〜と異なる」の意味です。「私のネコは白くて小さいが、あなたのネコは黒くて大きい。だから、私のネコはあなたのネコとちがいます」ということなので、前置詞 from のあとの your cat を**所有代名詞**に置き換えて **yours** とします。

(2)・(3) どちらも your bike を受けますが、(2)は、これは自分の自転車ではなくて、お姉さんのものだと言っています。(3)は自分の自転車も車も好きだと言っています。つまり、(2)は自転車の所有者が話題になっていますが、(3)は私が所有している物が話題になっています。よって、空所に入れる代名詞もちがいます。(2)は所有<u>者</u>が話題なので、my bike の my が大事なところです。だから**所有代名詞**にかえて **mine** にします。(3)は所有<u>物</u>が話題なので、my bike の bike が大事なところです。bike を受ける**目的格 it** にします。

所有代名詞は be 動詞の文でしか使わない（使えない）、と思っている人も多いので、あえて少し難しい問題に挑戦してもらいました。人称代名詞と所有代名詞は、はっきり分けて学習するほうが理解しやすいです。

レッスン3 疑問詞 whose「だれの；だれのもの」

代名詞の所有格と所有代名詞の関係がわかったところで、<u>所有者をたずねる疑問詞</u>を覚えましょう。whose です。「だれの；だれのもの」どちらでも使えます。's が「〜の；〜のもの」のどちらでも使えるのと同じです。whose は who の所有格と考えて OK です。

実は who は he と同じような変化をしているのです。

人称代名詞			所有代名詞
主格	所有格	目的格	
he	h<u>is</u>	h<u>im</u>	h<u>is</u>
who	whose	whom[※]	whose

※目的格の whom は最近はあまり使われなくなり、現在は文頭の whom は who に置き換わっています。だから、前の節で、「あなたはだれと野球をしますか」を英作文したとき、with のあとの名詞は who でよかったのです。3 年生になったら whom を使う場面も出てくるので、一応、お伝えしておきます。

「だれの〜ですか」とたずねる場合は所有格の疑問詞whoseを使って〈whose＋名詞〜？〉の形でたずねます。また、「だれのものですか」とたずねる場合はwhoseのみでたずねます。

確認しよう

▶ **whose の疑問詞で始める疑問文**

・Whose bike is this?　　　「これはだれの自転車ですか」
　---It's mine.　　　　　　「私のものです」
・Whose is this bike?　　　「この自転車はだれのものですか」
　---It's my father's.　　　「父のものです」

練習問題 ❶

次の日本語に合うように、（　　　）内に適当な語を書きなさい。

(1) A: あれはだれのコンピュータですか。

　　（　　　）（　　　）is that?

　　B: 私の兄のです。

　　（　　　）is my（　　　）.

(2) A: これらの鉛筆はだれのものですか。

　　（　　　）are these（　　　）?

　　B: あなたのです。

　　（　　　）are（　　　）.

解答

(1) Whose computer / It, brother's
(2) Whose, pencils / They, yours

解説

(1) A「だれのコンピュータ」なので〈whose ＋名詞〉で表します。

　　B「兄の」としか日本語に書かれていなくても、後ろに名詞がないので「兄のもの」という所有代名詞になります。brother に 's がつけられましたか？

(2) A「これらの鉛筆」は複数です。these のあとの名詞を pencils と -s をつけることを忘れずに。

　　B 答えの文では、these pencils を they に置き換えます。「あなたの」

としか日本語が書かれていなくても、後ろに名詞がないので、「あなたのもの」という意味になります。your ではなく所有代名詞の **yours** にします。

練習問題 ②

次の英文の下線部が答えの中心になる疑問文を作りなさい。

(1) <u>Tom</u> helps Ken on Sunday.

(2) Tom helps <u>Ken's</u> father on Sunday.

(3) Tom helps <u>Ken</u> on Sunday.

解 答

(1) Who helps Ken on Sunday? ／「だれが日曜にケンを手伝いますか」

(2) Whose father does Tom help on Sunday? ／「トムは日曜にだれのお父さんを手伝いますか」

(3) Who does Tom help on Sunday? ／「日曜にトムはだれを手伝いますか」

解 説

今回も「下線部が答えの中心になる疑問詞を用いた疑問文の作り方 ➡ **第1節** **英語の** **ツボ⑤**」の手順で考えます。

(1) の下線部は主語です。

(2) の下線部は所有格です。How many のときに、あとの複数名詞をいっしょにして文頭に移動させたのと同じです。Whose father を前に出します。

(3) の下線部は目的語です。

Which is your bike?
「どちらがあなたの自転車ですか」

■ イントロダクション ■

☑ 疑問代名詞 which で始まる疑問文を作る ▌1

☑ 疑問代名詞 what / who で始まる疑問文を作る ▌2

☑ 疑問形容詞 what / whose / which で始まる疑問文を作る ▌3

☑ 疑問形容詞と疑問代名詞を区別する ▌3

今回は which と、疑問代名詞・疑問形容詞のまとめの学習です。

レッスン1　疑問詞 which で始まる疑問文

which は「**どちら**」という意味で、2つ［2人］（以上）のものから1つ［1人］を選ぶときに用います。具体的な2つの中から1つを選んでほしい場合は、あとに〝A or B〟をつけて〈Which 〜 , A or B?〉とすることもできます。

確認しよう

▶ which で始まる疑問文

・Which is your bike?　　「どちらがあなたの自転車ですか」

---This is (mine).　　「こちら（が私の自転車）です」

・Which is your bike, this or that?

　　　　　　　　「どちらがあなたの自転車ですか、これですか、それともあれですか」

---This is (mine).　　「こちら（が私の自転車）です」

日本語と、問いと答えの対応を見ると、Which is your bike? の主語は which ですか？

だんだん鋭いところに気がつくようになりましたね。そのとおりです。be動詞の文の場合、this や that は、補語ではなくて主語になるのです。this や that で指し示したものに対して、補足説明を加える、ということなのだと思います。

▌練習問題▐

次の日本語に合うように（　　　）内の語を並べかえ、[　　]の語を用いて答えなさい。

(1) どちらが彼女の帽子ですか。[that]

（ hat / is / which / her ）?

(2) 彼女は夕食前、どちらを勉強しますか。英語ですか数学ですか。[math]

（ she / English / dinner / study / before / does / which / or / , ）math?

▌解答▐

(1) Which is her hat? ---That is (hers).

(2) Which does she study before dinner, English or math?

---She studies math (before dinner).

▌解説▐

(1) which が**主語**、is が**動詞**、her hat が**補語**です。問いの文に対応させて答えると、主語が that、動詞が is です。主語が疑問詞のときは、動詞まで書けばあとは省略可能なので、hers はあってもなくてもよいです。

> **Which is her hat?**
> ↓
> **That is (hers).**

(2) **主語**は she、**動詞**は study、疑問文なので主語の前に does を置きます。目的語が which になり、Which does she study までできましたか？　あとは修飾語なので、before dinner を置き、コンマで区切り A or B を続けます。

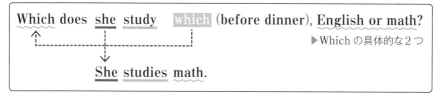

▶Which の具体的な2つ

179

つまり、English と math は study の**目的語**で、which を具体的に説明しているものです。答えの文は She studies math. で、修飾語の before dinner はあってもなくてもよいものですから、答えの文でくり返す必要はありません。もちろん、書いても大丈夫です。

> 問題(2)の英文は、what を用いた英文と似ていませんか？
> 「彼女は夕食前に何を勉強しますか」だったら、"What does she study before dinner?" ですよね？

よく気づきましたね。それでは、疑問代名詞を説明していきます。

レッスン2 疑問代名詞

> 「疑問代名詞」と聞いただけで、すごく難しそうに感じます…。

大丈夫です。まずは、例題を解いて理解を深めていきましょう。

例題

次の（　　　）内に What / Who / Which から適当な語を選んで書き、対話を完成させなさい。

(1) A: (　　　) is this?

　　B: It's a bike.

(2) A: (　　　) is your bike, this or that?

　　B: That is.

(3) A: (　　　) is that man?

　　B: He is Mr. Jones.

解答

(1) What ／「これは何ですか」「自転車です」

(2) Which ／「どちらがあなたの自転車ですか、これですか、それともあれですか」「あれです」

(3) Who ／「あの男の人はだれですか」「ジョーンズ氏です」

解 説

とても基本的な問題で、簡単ですね。⑴は **a bike** をたずねているから **What**、⑵はさっきやった問題で、**this** と **that** から選ぶから **Which**、⑶は **Mr. Jones** のように人をたずねているから **Who** ですね。この例題と疑問代名詞は何か関係があるのですか？

もう十分に疑問代名詞がわかっているようですね！

　⑴ は a bike、⑵は That、⑶は Mr. Jones を疑問詞に置き換えているので、どれも名詞をたずねています。名詞をたずねる疑問詞のことを疑問代名詞といいます。これも代名詞の一種です。疑問代名詞は what と which と who、この3つです。これ以外にはありません。

英語の ツボ㊴
●疑問詞という品詞はありません。どの品詞をたずねているか、必ず考えましょう♪

とても分かりやすかったです！

　今度は自力で、一般動詞の文の問題を解いてみましょう。which とwhat が似ていると気づいてくれたことに関係します。第 **7** 節ですでに話していることですが、しばらく触れていなかったので、疑問代名詞について再確認しましょう。

練習問題 ❶

次の（　　　）内に What / Who / Which から適当な語を選んで書き、対話を完成させなさい。

⑴ A:（　　　）do you have in your hand?
　 B: I have a pen in my hand.

⑵ A:（　　　）does he speak at home, English or Japanese?
　 B: He speaks English.

⑶ A:（　　　）do they help on Sunday?
　 B: They help their mother.

181

⑴ What ／「あなたは手に何を持っていますか」「私は手にペンを持っています」

⑵ Which ／「彼は家でどちらを話しますか。英語ですか、それとも日本語ですか」「彼は英語を話します」

⑶ Who ／「彼らは日曜日にだれを手伝いますか」「彼らは彼らのお母さんを手伝います」

解 説

⑴ は a pen をたずねているので **What** です。

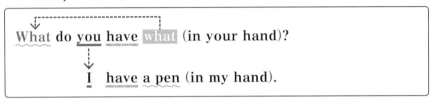

⑵ は English と Japanese から選ぶので **Which** です。

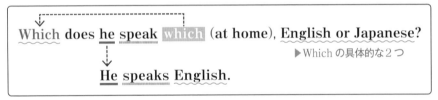

⑶ は their mother 人をたずねているので **Who** です。

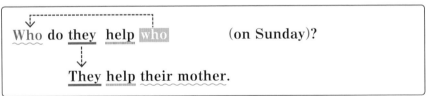

　問いの文は、疑問詞の右側を見ると、どの文も目的語がないことがわかります。なぜなら、目的語が疑問詞になって文頭に移動しているからです。what と which の文が似ているように見えるのはそのせいです。これは、**置き換えと移動**がわかるようになると理解できるようになってきます。

英語のツボ㊵
●疑問代名詞のあとは、名詞が１つ欠けている♪

練習問題 ❷

次の文を英語になおしなさい。

(1) A: 彼女は朝食に何を食べますか。

   B: パンです。

(2) A: 彼女はだれと朝食を食べますか。

   B: 両親です。

解答

(1) What does she eat for breakfast? ---She eats bread (for breakfast).

(2) Who does she eat breakfast with? ---She eats breakfast[it] with her parents.

解説

　まず、「英文を書くときは、主語→動詞→目的語→修飾語、の順に考える♪ ➡ 第4節 英語のツボ⑲」「問いと答えは同じことを述べている♪ つまり、問いと答えの主語・動詞・目的語・修飾語はそれぞれ対応している (同じことを述べている)♪ ➡ 第4節 英語のツボ⑱」を思い出します。

　そして、それぞれ eat の目的語が何か、どの名詞が欠けているかを意識して作文してみましょう。

　(1) 主語は she、動詞は eat、疑問文なので、主語の前に does を置き、動詞は原形です。目的語は「何を」なので、これが what となって前に出ます。「朝食に」が修飾語で、for breakfast となります。対応して答えると、主語が she、動詞が eats、目的語が bread です。

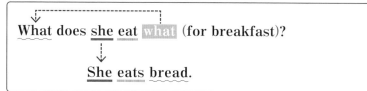

　(2) 主語と動詞は、(1)と同じく she と eat、目的語は「朝食を」なので、breakfast です。(1)は breakfast の前に for をつけましたが、今度はつけてはいけません。残りは「だれと」ですが、これは 第14節 でもやったように、with のあとの名詞が who となって前に出るので、**Who does she**

eat breakfast with? の語順になります。対応して答えると、She eats breakfast[it] with her parents. です。breakfast はくり返しになるので it にしても OK です。

> **Who does** <u>she</u> <u>eat</u> <u>breakfast</u> (with who)?
>
> <u>She</u> <u>eats</u> <u>breakfast</u>[it] (with her parents).

レッスン❸ 疑問形容詞

> だいぶわかってきました。疑問代名詞が名詞をたずねる疑問詞ならば、疑問形容詞は形容詞をたずねる疑問詞ということですね！

そう思ってしまいますよね。ところがそうではないのです。

> ちがうのですか？

形容詞には名詞を修飾する働きがありましたよね（➡ 第3節 ）。ですから、<u>疑問形容詞</u>というのは、<u>名詞を修飾する疑問詞のこと</u>なのです。

> これはまた…混乱しそうです…。

安心してください。実はもうすでに学んでいることです！

第7節 で学んだ「あなたはどんな音楽が好きですか」という文で、Whatが「どんな」という意味で後ろに名詞を続けて置く例文がありました。それから 第15節 で学んだWhoseも「だれの」という意味で、後ろに名詞を続けて置くことができました。

確認しよう

▶〈疑問詞＋名詞〉で始まる疑問文

・What music do you like?　「あなたはどんな音楽が好きですか」

・Whose father does Tom help on Sunday?

「トムは日曜日、だれのお父さんを手伝いますか」

　whatもwhoseも後ろに名詞がついてきますよね？　このような使い方をする疑問詞を**疑問形容詞**と言うのです。

でも、**what**は疑問代名詞でしたよね？

　そうなんです。疑問代名詞と疑問形容詞は同じ単語なのです。Whoのみ所有格のwhoseになりますが、同じ単語なので覚えやすいのです。

では、**which**も疑問形容詞になるのですか？

　そのとおりです！　よく気づきましたね。

確認しよう

▶〈which＋名詞〉で始まる疑問文

・Which bag do you usually use, this or that?

「あなたはどちらのかばんをたいてい使いますか、これですか、それともあれですか」

　―I use this.　「これです」

疑問形容詞が疑問代名詞と同じなら、単語を覚えることはできそうです。でも、疑問代名詞なのか疑問形容詞なのか、どうやって見分けるのですか？

　疑問形容詞の文を3つ並べてみますね。何か気づきませんか？　ヒントは動詞のあとです。

・What **music** do you like?

・Whose **father** does Tom help on Sunday?

・Which **bag** do you usually use, this or that?

さっきの疑問代名詞と同じように、目的語にあたる名詞がないですね！

いいところに気づきました、そのとおりです。そして、先ほどの「疑問代名詞のあとは、名詞が１つ欠けている♪ ➡ **英語の ツボ㊵** 」、を思い出してください。

第7節 で、What do you like music? が、なぜまちがった文なのかを説明しましたが、もう一度見直してください（➡ p.96）。

what の右側に、欠けている名詞がありません。**第7節** をやっているときは、実はあまりピンときていなかったのですが、今回はじめて気づかされました！

つまり、「疑問詞のあとに名詞が１つ欠けている文ができるなら**疑問代名詞**で、名詞が１つも欠けていないなら、疑問詞のあとに名詞を続けて**疑問形容詞**として用いる」というわけです。

英語の ツボ㊶
●疑問詞のあとに名詞が１つ欠けている文ができるならその疑問詞は疑問代名詞、できないなら疑問詞のあとに名詞を続けて疑問形容詞として用いる♪

練習問題

次の（　　）内の語句を並べかえて、意味の通る英文にしなさい。
(1) What (she / in / have / does / her right hand)?
(2) What (she / in / have / does / her right hand / book)?
(3) Which (she / in / have / does / hand / a book)?

解 答

(1) What does she have in her right hand? ／「彼女は右手に何を持っていますか」
(2) What book does she have in her right hand? ／「彼女は右手に何の本を持っていますか」

(3) Which hand does she have a book in? ／「彼女はどちらの手に本を持っているのですか」

■解説◥

わかりやすいように、すべての問題を She has a book in her right hand. の文をもとにしてみました。

他 have のあとと、前 in のあとには名詞が1つ必要です。それが後ろにあるのか、疑問詞となって文頭に移動するのかは、考えて解いてみましょう。

(1)は have の目的語が what、in の目的語が her right hand です。

What does <u>she</u> have what (in her right hand)?

(2)は(1)の文に book が追加されています。What book が have の目的語になります。

What book does <u>she</u> have what book (in her right hand)?

(3)は have の目的語が a book、in の目的語が which hand です。

Which hand) does <u>she</u> have a book (in which hand?

When does he play tennis?
「彼はいつテニスをしますか」

■■ イントロダクション ■■

☑ 疑問副詞 when を使い、「いつ」と時をたずねる疑問文を作る ▶1
☑ What time を使い「何時」とたずねる疑問文を作る ▶1
☑ 時を表す前置詞 at / on / in を使い分ける ▶2

今回は疑問詞 when で始める疑問文とその答え方を学びます。

> レッスン **1**　**疑問詞 when で始まる疑問文**

「いつ」と時をたずねるときは、疑問詞 when を用います。たとえば「彼は日曜日にテニスをします」という文で、「日曜日」という時がわからない場合は、on Sunday を When に置き換えて文頭に移動し、疑問文を作ります。

▶ when の疑問詞で始まる疑問文

〈When ＋疑問文の語順〜 ?〉

　　　　　　He plays tennis　on Sunday.「彼は日曜にテニスをします」
　　　Does he play　tennis (on Sunday)?
　　　　　　　　　　　　　　　　　　　 when　on Sunday を疑問詞 when に
　　　　　　　　　　　　　　　　　　　　　　　置き換えて文頭に移動
↓
(When) does he play　tennis?　「彼はいつテニスをしますか」

---

when は〈前置詞＋名詞〉、つまり修飾語にあたる副詞をたずねます。なので、疑問副詞です。疑問副詞の品詞は副詞です。

答えるときは、主語と動詞、目的語を補って具体的に答えます。前置詞はあとに続く「時を表す名詞」によって使い分けます。それについては、▶2 で詳しく説明します。

確認しよう

・When does he play tennis?　　　「彼はいつテニスをしますか」
　− He plays tennis on Sunday.　「日曜日にします」

◆ 「時間」のたずね方

　「何時」と時間をたずねるときは、〈What time ＋疑問文の語順〜 ?〉で表します。When は漠然とした時をたずねるのに対して、What time は「時刻」を具体的に知りたいときに使います。

確認しよう

・What time does she go to school?　「彼女は何時に学校へ行きますか」
　— She goes to school at eight.　「8時に行きます」

練習問題

次の英文の下線部が答えの中心になる疑問文を作りなさい。

⑴ I use this room on Sunday.

⑵ He goes to bed at ten thirty.

解答

⑴ When do you use this room? ／「あなたはこの部屋をいつ使いますか」

⑵ What time[When] does he go to bed? ／「彼は何時に寝ますか」

解説

　今回も「下線部が答えの中心になる疑問詞を用いた疑問文の作り方➡ 第1節 英語のツボ❻」の手順で解きます。

⑴　**I use this room on Sunday.**　「私はこの部屋を日曜日に使います」
　①疑問文を作る
　Do you use this room (on Sunday)?
　②下線部を疑問詞に置き換えて文頭に移動　[when]　「あなたはこの部屋を日曜日に使いますか」
　When do you use this room?　「あなたはこの部屋をいつ使いますか」

　do と does の使い分けと「そのあとの動詞が原形になる」ことはもう大丈夫ですね。〈at ＋時刻〉で答えるような時刻をたずねる場合は、when より what time（何時）を用いるのが一般的です。

⑵　**He goes to bed at ten thirty.**　「彼は10時半に寝ます」
　①疑問文を作る
　Does he go to bed at ten thirty?　[what time[when]]
　②下線部を疑問詞に置き換えて文頭に移動　「彼は10時半に寝ますか」
　What time[When] does he go to bed?　「彼は何時に寝ますか」

時を表す「～に」は、前置詞 at / on / in を使い分けます。

◆時を表す主な前置詞

〈at ＋時刻 (○時△分)〉	例　at seven「7 時に」 例　at seven twenty「7 時20 分に」
〈on ＋日〉	例　on Sunday「日曜日に」 例　on January 7「1 月7 日に」
〈in ＋月・季節〉	例　in July「7 月に」 例　in summer「夏に」

　上の表以外に、before（～の前に）、after（～のあとに）も覚えておきましょう。

　もう1つ大事なのは、時を表す語にeveryやthisがついたときは、前置詞を書いてはいけないということです。「毎日」はevery dayでしたね。I play tennis every day. と、自信をもって書ける時期だと思いますが、every dayは修飾語の場所に置かれています。なので、本来は〈前置詞＋名詞〉にしなければならないところです。dayは「日」なのでonがあったのですが、everyがあるときは省略です。

▶ every は「各々の」という意味の形容詞で、必ず後ろに単数名詞を置きます。this は、時を表す語につけると、「今日の；現在の」の意味です。this week なら「今週」、this Sunday なら「今週の日曜日」です。

練習問題

次の（　　　）内に、at, on, in から適当な語を選んで書きなさい。入れる必要がなければ、×を書きなさい。

(1) I get up (　　　) six thirty.

(2) We go to church (　　　) every Sunday.

(3) I get a present (　　　) my birthday.

(4) We don't have school (　　　) May 3 in Japan.

(5) I visit my grandparents in Kobe (　　　) August.

(6) We go skiing (　　　) winter.

(7) My sister usually cleans her room (　　　) Saturday morning.

(8) I am free (　　　) this afternoon.

(9) He reads a book (　　　) the evening.

⑽ They sometimes go out (　　　) night.

解 答

⑴ at ／「私は 6 時半に起きます」

⑵ × ／「私たちは毎週日曜日に教会へ行きます」

⑶ on ／「私は誕生日にプレゼントをもらいます」

⑷ on ／「日本では、5 月 3 日に学校はありません」

⑸ in ／「私は 8 月に神戸にいる祖父母を訪ねます」

⑹ in ／「私たちは冬にスキーに行きます」

⑺ on ／「私の姉 [妹] はたいてい土曜の朝に自分の部屋をそうじします」

⑻ × ／「私は今日の午後暇です」

⑼ in ／「彼は夕方読書をします」

⑽ at ／「彼らはときどき夜出かけます」

語句 ⑴ get up「起きる」 ⑵ church「教会」 ⑶ present「プレゼント」／ birthday「誕生日」 ⑸ visit「～を訪ねる」／ grandparent(s)「祖父母」 ⑹ go skiing「スキーに行く」／ winter「冬」 ⑺ morning「朝」 ⑻ free「暇な」／ this afternoon「今日の午後」 ⑼ read「～を読む」／ evening「夕方」 ⑽ go out「外出する」／ night「夜」

解 説

⑴ six thirty（6 時 30 分）は時刻なので前置詞は **at** です。

⑵ every があるので、前置詞は不要です。on をつけないように。

⑶ birthday は「誕生日」です。日が限定されるので、〈**on ＋日**〉です。

⑷ May 3 の 3 を見落とさないように。5 月 3 日という「日」なので〈**on ＋日**〉です。

⑸ August（8 月）なので〈**in ＋月**〉です。

⑹ winter（冬）という季節なので〈**in ＋季節**〉です。

⑺ Saturday morning と日が決まるので、〈**on ＋日**〉です。

⑻ this があるので前置詞は不要です。

⑼ in the evening で「夕方に」という意味になります。

⑽ morning ／ afternoon ／ evening ／ night のうち、night だけ表現が他と異なります。the をつけず、前置詞は **at** になります。

チャレンジ問題

次の文を英語になおしなさい。

⑴ A：あなたのお兄さんはたいていいつ宿題をしますか。

B：夕食前です。

(2) A：あなたの学校は毎年いつ始まりますか。

B：4月です。

(3) A：彼らは何時に学校に来ますか。

B：8時です。

▌解 答▐

(1) When does your brother usually do his homework? ---He does his homework[it] before dinner.

(2) When does your school start every year? ---It starts in April.

(3) What time do they come to school? ---They come (to school) at eight.

▌解 説▐

くり返しになりますが、「英文を書くときは、主語→動詞→目的語→修飾語、の順に考える♪ ➡ **第4節 英語の ツボ⑲**」「問いと答えは同じことを述べている♪ つまり、問いと答えの主語・動詞・目的語・修飾語はそれぞれ対応している（同じことを述べている）♪ ➡ **第4節 英語の ツボ⑱**」をもとに答えていきましょう。

(1) A **主語**は your brother、**動詞**は do（〜をする）です。主語が三人称単数なので、does を主語の前に置きます。**目的語**は his homework です。homework は U ですが、「宿題をする」というときは、homework の前に所有格をつけます。when は文頭です。usually はふつうの文の not の位置に入れます。

B 問いの**主語** your brother を He に、**動詞**は助動詞 does と原形 do を合わせた現在形 does に、**目的語** his homework をくり返し、when に対応する部分に before dinner を入れて答えます。

(When) does <u>your brother</u> (usually) <u>do his homework</u>?
　　　　　　　↓
<u>He</u> does <u>his homework</u>[it] (before dinner).

---

(2) A **主語**は your school、**動詞**は start です。主語が三人称単数で一般動詞の疑問文ですから、主語の前に does を置きます。is を置いてはいけません。「始まる」の start は自動詞です。目的語はありません。文頭に

when を置き、文末に every year を置きます。every があるから、前置詞は不要ですよ。

B 問いの主語 your school は答えでは It になります。何でも It's にしていませんか？　これは一般動詞の文なので be 動詞は入りません。助動詞 does と原形 start を合わせ、現在形の starts にすることを忘れずに。when の対応部分で「月」につく前置詞は in になり、in April とします。

(When) does <u>your school</u> start every year?
　　　　↓
　　　　<u>It</u>　　　starts (in April).

---

(3) A この問題だけ「いつ」ではなく「何時に」です。**1** の **練習問題** で説明しましたが、時をたずねていることには変わりないので when でも大丈夫です。ただし、時刻をたずねるときは、ふつう what time を用います。1 年生では what time を何度も練習しますが、あくまでもwhen の一部であり、特殊な表現ともいえることから、本書では軽い扱いにしています。

主語は they、動詞は come です。主語が複数のときは、助動詞が do でしたね。「**英文中に動詞は 1 つ♪**➡ **第6節** **英語の ツボ㉓**」なので、× <u>are they come</u> など、動詞が 2 つになってないか確認してください。正しくは do they come です。come は自動詞なので to が必要で、「学校に」はto school です。ちゃんと to が書けましたか？　文頭に what time を置いたら完成です。

come home という表現をよく聞くのですが、後ろに前置詞がないので他動詞ではないのですか？

この home は「家へ」という副詞です。come home とか come hereとか、よく耳にしますが、home も here も副詞です。▶home は名詞の場合もある

(What time) do <u>they</u>　come to school?
　　　　↓
　　　　<u>They</u>　come to school (at eight).
　　　　　　　　　　*省略可能

Where does he play tennis?
「彼はどこでテニスをしますか」

■┣■ イントロダクション ■┣■

☑ 疑問副詞 where を使い、「どこで」と場所をたずねる疑問文を作る ▶ 1

☑ 場所を表す前置詞 at / on / in を使い分ける ▶ 1

☑ 疑問代名詞と疑問副詞を使い分ける ▶ 1

☑ 英文の存在を表す be 動詞とイコールを表す be 動詞を見分ける ▶ 2

　今回は場所をたずねる疑問文と答え方を学ぶとともに、存在の意味を表すbe動詞を学びます。

レッスン 1　where を用いた疑問文とその答え方

　「どこで」と場所をたずねるときは、疑問副詞whereを用います。たとえば「彼は公園でテニスをします」という文で、「公園で」という場所がわからない場合はin the parkをWhereに置き換えて文頭に移動して、疑問文を作ります。

▶ where で始まる疑問文

〈Where ＋疑問文の語順〜 ?〉

　　　　　　He plays tennis in the park.

　　　　Does he play　tennis (in the park)?

(Where) does he play　tennis?

where　in the park を
疑問詞 where に
置き換えて文頭に移動

　「どこで」とたずねられて答えるときは、いつもどおり主語と動詞、目的語を補って具体的に答えます。前置詞はあとに続く「場所を表す名詞」により使い分けます。

確認しよう

・Where does he play tennis?　　　「彼はどこでテニスをしますか」

　—He plays tennis in the park.　　「公園でします」

◆場所を表す主な前置詞

at…点	例 at home（家で）／例 at school（学校で）
on…接触	例 on the desk（机の上に）／例 on the wall（壁に）
in…空間	例 in the box（箱の中に）／例 in Japan（日本に）
その他	under（～の下に）／ near（～の近くに）／ by（～のそばに）／ to(～へ)〔方向〕／ in front of（～の前に）／ behind（～の後ろに）など

　時の前置詞（at / on / in）は、はっきりと分けられるのですが、場所の場合はatとinを使い分けるのが難しいです。どちらでも使えるというときもあります。その場所を「点」ととらえるか、「空間」ととらえるかのちがいで、物理的な大きさで使い分けるわけではありません。

　ただし、上の例では、atのあとが U になっています。この場合、homeやschoolは建物を表しているのではなく、それぞれ、「家庭生活の場」「教育の場」という意味で用いています。

　表の中では特にonの使い方にも注意が必要です。「～の上に」と日本語で覚えるのではなく、接触している状態がonの特徴と覚えてください。

練習問題 ❶

次の日本語に合うように、（　　）内に適当な語を書きなさい。

(1) 壁に1枚の絵が見えます。
　　I see a picture （　　　　）（　　　　）（　　　　）.
(2) 私は東京に住んでいます。
　　I live （　　　　）（　　　　）.
(3) 私は毎年夏に東京に行きます。
　　I go （　　　　）（　　　　） every summer.
(4) 彼らは学校でサッカーをします。
　　They play soccer （　　　　）（　　　　）.

解答

(1) on the wall　(2) in Tokyo　(3) to Tokyo　(4) at school

語句　(1) see「～が見える」／ wall「壁」　(2) live「住む」　(3) every summer「毎年夏に」

(1) 場所を表す名詞には、the がつくことが多いです。場所が決まるから、いろいろな行動や状態が可能なのでしょう。絵は壁に**接触**しているので **on** を使います。

(2)と(3)は同じ「東京に」ですが、動詞によって、どんな前置詞があとにくるかを考えます。live は「住む」ですから、「〜の中に」にあたる前置詞 **in** が入ります。go は「行く」ですから、方向を表す前置詞 **to** があとにきます。

■ 練習問題 ❷ ◀

次の英文の下線部が答えの中心になる疑問文を作りなさい。

(1) I read a book <u>in the afternoon</u>.

(2) I watch TV <u>in the living room</u>.

(3) I have <u>a pencil case</u> in my hand.

■ 解 答 ◀

(1) When do you read a book? ／「あなたはいつ本を読みますか」

(2) Where do you watch TV? ／「あなたはどこでテレビを見ますか」

(3) What do you have in your hand? ／「あなたは手に何を持っていますか」

■ 語句 ◀ (2) living room「居間」 (3) pencil case「筆箱」

■ 解 説 ◀

今回も「下線部が答えの中心になる疑問詞を用いた疑問文の作り方➡ 第1節 英語の ツボ❻ 」の手順で見ていきましょう。

(1)(2)同じ**前置詞 in** でも、「時」を表す場合と「場所」を表す場合があります。疑問副詞を使い分けられましたか？

---

(1) **I read a book　in the afternoon.**

①疑問文を作る　　　　　　　　　　　　　　「私は午後に本を読みます」

Do you read a book (~~in the afternoon~~)?

　　　　　　　　　　　　　　 when 「あなたは午後に本を読みますか」

↓②下線部を疑問詞に置き換えて文頭に移動

When do you read a book? 「あなたはいつ本を読みますか」

---

(2) 　　　　I watch TV in the living room.

①疑問文を作る　　　　　　　　　　「私は居間でテレビを見ます」

Do you watch TV (in the living room)?

──────────────── where 「あなたは居間でテレビを見ますか」

②下線部を疑問詞に置き換えて文頭に移動

Where do you watch TV? 「あなたはどこでテレビを見ますか」

(3) 名詞に下線があるので、**疑問代名詞**に置き換えます。a pencil case は what になります。

I have a pencil case in my hand.

①疑問文を作る　　　　　　　　　　「私は手に筆箱を持っています」

Do you have a pencil case (in your hand)?

──────────── what 　　「あなたは手に筆箱を持っていますか」

②下線部を疑問詞に置き換えて文頭に移動

What do you have 　　　　　　(in your hand)?

　　　　　　　　「あなたは手に何を持っていますか」

問題(3)の疑問代名詞 what のあとは名詞が1つ欠けていましたが、(1)と(2)の疑問副詞 when / where の場合は、名詞が欠けていませんよね？

　よく気づきましたね！　そのとおりです。今回の問題はどれも他だったので、わかりやすかったと思いますが、とても大事な気づきですよ。

英語のツボ㊷

●**疑問代名詞のあとは名詞が1つ欠けている♪**

●**疑問副詞のあとは名詞がすべてそろっている♪**

練習問題 ③

次の文を英語になおしなさい。

(1) A：あなたのお兄さんはたいていどこで宿題をしますか。

　　B：図書館です。

(2) A：彼らは毎年どこに行きますか。

　　B：中国です。

(3) A：彼らは毎年どこの国に行きますか。

　　B：中国です。

(1) Where does your brother usually do his homework? ---He does his <u>homework</u>[it] in the library.

(2) Where do they go every year? ---They go to China.

(3) What country do they go to every year? ---They go to China.

語句 (1) homework「宿題」／ library「図書館」 (3) country「国」

解 説

今回もくり返しになりますが、「英文を書くときは、主語→動詞→目的語→修飾語、の順に考える♪ ➡ 第4節 英語の ツボ⑲」「問いと答えは同じことを述べている♪ つまり、問いと答えの主語・動詞・目的語・修飾語はそれぞれ対応している（同じことを述べている）♪ ➡ 第4節 英語の ツボ⑱」で考えていきましょう。

(1) A「宿題をする」という表現は難しかったですね。第17節 の チャレンジ問題 の「いつ」を「どこで」に変えただけの例文です。

B C の library に the がつきましたか？

(2) この問題は go to をセットフレーズだとかんちがいしていると、× Where do they go to every year? というまちがいをしてしまいます。前置詞 to のあとの名詞がないのに、疑問副詞を使ってはいけません。

Where は〈前置詞＋名詞〉の置き換えなので、go のあとの to China が where になります。これで問いと答えが対応しました。

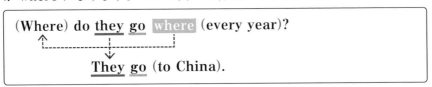

(Where) do they go where (every year)?

They go (to China).

(3) (2)と似た文で「どこの国」だからといって、Where country などとまちがえた人はいませんか？ 日本語を一つ一つ翻訳するのではなく、英語の品詞で考えなくてはいけません！

country を修飾できるのは疑問形容詞で、それは疑問代名詞と同じ語でした。Where は疑問副詞だから、名詞は修飾できません。「どこの国」と書いてあっても what country とします。答えの China が What country になったので、(2)では不要だった to が必要になります。

What country) do they　go (to　what country　(every year)?

They go (to China).

レッスン2 存在を表す be 動詞の英文

今回も 第8節 のように、まずは次の2つの英文を見てください。
何か気づくことはありますか？

・It is Tokyo.
・It is in Tokyo.

> 上の文は単語が3つで、下の文は単語が4つです！　下の
> 文は in が余分にあるので単語が1つ多いです！

第8節 であればいい答えでしたね。 第8節 は、単語の語数が変わる理由
は動詞にありました。すなわち、自動詞と他動詞のちがいでした。しかし、
今回は動詞が同じなので、まったくちがうところに注目する必要がありま
す。

> 言われてみれば、下の文は be 動詞の公式に当てはまって
> いないのではないですか？　たしか補語は名詞と形容詞で
> したよね？

そうです、よく気づきましたね！　では、なぜ下の文にはinがあるの
でしょうか。その理由は、動詞の意味がちがうからです。

英語の ツボ43

●動詞のあとにどんな品詞を置くかによって、動詞の意味が
決まる♪

後ろに名詞や形容詞があるとき、be動詞は「〜です」とイコールの意
味になり、後ろに副詞や〈前置詞＋名詞〉があるときは、「いる；ある」と
いう存在の意味になります。

▶**イコールの役割の be 動詞**

名詞	動詞	名詞／形容詞
主語	**動詞**	**補語**
「〜は」	「〜です」	「……」

▶**存在の役割の be 動詞**

名詞	動詞	副詞／前置詞＋名詞
主語	**動詞**	**（修飾語）**
「〜は」	「いる；ある」	「…に」

▶be 動詞の後ろの品詞で、be 動詞の意味が決まる

　2年生になると、同じ動詞でもいろいろな意味があることを学びますが、意味のちがいは、動詞のあとの品詞によるものです。品詞を勉強する目的は、簡単に言えば「動詞の意味を決めるため」、つまり「正しく英文の意味を知るため」なのです。面倒なことをさせられているように思うかもしれませんが、品詞を理解することは、正しく英語を理解する最短コースと言えます。

　これで先ほどの2つの英文の意味がわかりましたね。

▎**確認しよう**▍

・It is Tokyo.　　　　　「それは東京です」
・It is in Tokyo.　　　　「それは東京にあります」

▎**練習問題 ❶**▍

次の文を日本語になおしなさい。

(1) My parents are by the car.
(2) My parents are kind.
(3) My parents are here.
(4) My parents are doctors.

▎**解　答**▍

(1)「私の両親は車のそばにいます」
(2)「私の両親はやさしい」
(3)「私の両親はここにいます」

(4)「私の両親は医者です」

語句　(2) kind「やさしい」(3) here「ここに」

解説

　be 動詞のあとの品詞を確認し、be 動詞が「存在」の意味になるのか、「イコール」の意味になるのか判断しましょう。

(1) by the car は〈前置詞＋名詞〉なので、存在の意味です。by のあとの car に the がついているので、手段の by ではありません。

(2) kind は「やさしい」という形容詞なので、イコールの意味です。

(3) here は副詞なので、存在の意味です。

(4) doctors は名詞で、複数＝複数のイコールの意味の文です。

　今度は、be 動詞のあとの語を疑問詞に置き換える練習をしてみましょう。

練習問題 ❷

次の英文の(　　)内に適当な疑問詞を書きなさい。

(1) A: (　　　　) is my camera?

　　B: It's here.

(2) A: (　　　　) is that boy?

　　B: He's Tom.

(3) A: (　　　) is this?

　　B: It's water.

解答

(1) Where／「私のカメラはどこにありますか」「ここにあります」

(2) Who／「あの男の子はだれですか」「トムです」

(3) What／「これは何ですか」「水です」

語句　(1) camera「カメラ」　(3) water「水」

解説

答えの中心になる語の品詞を考えれば、答えはわかります。

(1) here は副詞なので、疑問副詞 Where です。

(2) Tom は人を表す名詞なので、疑問代名詞 Who です。

(3) water は物を表す名詞なので、疑問代名詞 What です。

次の文を英語になおしなさい。

(1) A：私の姉はどこにいますか。

　　B：あの木の下です。

(2) A：日本の首都はどこですか。

　　B：東京です。

解 答

(1) Where is my sister? ---She is under that tree.

(2) What is the capital of Japan? ---It is Tokyo.

語句　(1) under「〜の下に」　(2) the capital of 〜「〜の首都」

解 説

「英文を書くときは、主語→動詞の順に考える♪ ➡ 第4節 英語の ツボ⑲ 」「問いと答えは同じことを述べている♪ ➡ 第4節 英語の ツボ⑱ 」で今回も解いていきましょう。

(1) 主語は私の姉 my sister です。どんな文になるでしょうか？

Where does my sister?　で合っていますか？

何か変だとは思いませんか？

ちょっと変な気もしましたが、主語は三人称単数なので、**does** でいいかな、と思いました。

残念ながらまちがっています。does は一般動詞の疑問文で用いるものでした。ですが、どこにも一般動詞がないですよね。

do / does を書いたら、動詞の原形が書いてあるか確かめてください。書くべき原形がないということは、be 動詞の文だからです。「いる；ある」という存在の意味を be 動詞で書くことを頭に入れてください。

(2) 実はこの問題のために、2のはじめの2文 It is Tokyo. と It is in Tokyo. を書いたのですが、「日本の首都は東京です」にあたる文はどちらかわかりますか？

> 首都が東京の中にあるのではなくて、首都＝東京だから、It is Tokyo. です。

そうですね。では It is Tokyo. の Tokyo をたずねる問いの文はどうなりますか。答えの文と対応させるように、問いの文を考えてください。

> 主語は「日本の首都」で、the capital of Japan です。これが答えで It になっています。動詞は is でいいですね。残りは Tokyo だけ。「どこ」という日本語だけど、Tokyo は名詞で、名詞を聞くのが疑問代名詞なので、「どこ」だけど…What ですか？

よくできました！ 「どこ」を自動的に何でも where と書くと、いろいろと痛い目にあいます。名詞と対応するのは疑問代名詞ですから、「日本の首都はどこですか」は、What is the capital of Japan? です。

How do you go to school?
「あなたはどうやって学校へ行きますか」

■■**イントロダクション**■■

- ☑ 形容詞と副詞の働きのちがいを知る ▶ 0
- ☑ 疑問副詞 how の意味と働きを知る ▶ 1
- ☑ 疑問副詞 how を用いた疑問文を作る ▶ 1
- ☑ 手段・程度を表す how は動詞を修飾する副詞の役割をする ▶ 1
- ☑ 程度を表す how は形容詞・副詞を修飾する副詞の役割をする ▶ 2
- ☑ 疑問副詞 how は形容詞をたずねることができる ▶ 3

今回は疑問副詞howを学びます。

> 今回も疑問副詞ですか？
> 疑問副詞はいったいいくつあるのですか？

疑問副詞はwhen / where / how / whyの4つです。

whyは理由をたずねる疑問副詞ですが、2年生にならないと答えの文が書けないので、1年生は今回のhowで終了です。

英語の ツボ㊹
●**疑問代名詞は3つ、疑問副詞は4つ♪**

これが中学3年生、そして高校生になると、関係代名詞、関係副詞という名前でも呼ばれることになりますが、考え方はまったく同じです。だから今、疑問代名詞と疑問副詞をしっかり学んでおくと、あとがすごく楽になります。

レッスン **0** **副詞の働き**

howについて話す前に、副詞にはそもそもどういう働きがあるのかを説明しますね。

副詞は動詞を修飾するのでしたよね？
第6節で勉強しましたよ。

　もちろん、そのとおりです。ただし、実はもう1つの働きが副詞にはあります。それが、形容詞や副詞を前から修飾するという働きです。早い話がveryのことです（➡ 第6節）。very goodやvery wellなど、聞き慣れた言葉ですね。

◆形容詞と副詞の働き

形容詞	・前から名詞を修飾
	・単独で補語になる
副詞	・**動詞を修飾**　例 well, hard など
	・前から**形容詞**や**副詞**を修飾　例 very など少数

な〜んだ、very のことですか。
これも副詞だと覚えておけばいいのですね！

　上の表をよく見てください。形容詞は前から名詞を修飾したり、単独で補語になったり、だいたいどちらもできます。たとえば、This is a big cat. ならbigは前から名詞を修飾するけど、This cat is big. ならばbigは単独で補語になっています。
　しかし、副詞は、動詞を修飾するものと前から形容詞・副詞を修飾するものが別の語です。veryで動詞を修飾することはありませんよね？

たしかに very happy や very big は聞いたことがありますが、very eat とか very study とかは聞いたことがないですね。「とても食べる」とか「とても勉強する」とか、日本語ではありそうですが…。

205

そうです。veryは動詞を修飾しません。「とても食べる」はeat much（たくさん食べる）、「とても勉強する」はstudy hard（一生懸命勉強する）になります。

逆を考えてみましょう。hardという**副詞**で、形容詞や副詞を修飾できますか？

> **hard good**とか、**hard well**とかですか？
> 見るからに変です。

そうですね。これで、副詞は役割分担していることがわかりましたか？動詞を修飾する役目のものと、形容詞・副詞を前から修飾する役目のものがあるということです。ちなみに、後者はvery以外、**too**（あまりにも）や**so**（そんなに）など、単語はかなり限られています。

この話がどのようにhowにつながっていくのかというと、howは**副詞**の2つの役割をどちらもこなします。howはとにかくただ者ではありません！

レッスン **1** 動詞を修飾する副詞の役割をする how：手段・程度

最初に動詞を修飾する役割のhowについて学びましょう。

◆手段をたずねる疑問文

確認しよう

・How do you go to school?「あなたはどうやって学校に行きますか」
　—I go to school by bike. 「自転車で行きます」

上の例文は、交通手段by bikeがhowになっています。手段をたずねるhowです。

参考：使われる主な表現

on foot「徒歩で」／by bike「自転車で」／by car「車で」／by bus「バスで」／by train「電車で」／by plane「飛行機で」／walk to ～「～に歩いて行く」／drive to ～「車で～に行く」／fly to ～「飛行機で～に行く」

◆程度をたずねる疑問文

確認しよう

・How do you like Japan?　「日本はどうですか」
---I like it very much.　「大好きです」

今度の文は、likeを修飾するvery muchがhowになりました。程度^{てい ど}をたずねています。〈How do you like 〜 ?〉は「〜はどうですか」と、感想をたずねる決まり文句になっているので覚えておきましょう。

レッスン2　形容詞・副詞を修飾する副詞の役割をする how：程度

形容詞や副詞を修飾する副詞の役割をするhowは、物の数をたずねる言い方〈How many＋名詞の複数形 〜 ?〉で学びましたね。「どれくらいたくさんの〜」ですから、howはmanyの程度をたずねています（➡ 第11節）。

how manyを含めて、いくつか副詞の役割をするhowの例を見てみましょう。

数 ・How many uncles does Mike have?	「マイクには何人おじさんがいますか」
---He has three.	「3人です」
年齢 ・How old are you?	「あなたは何歳ですか」
---I'm thirteen years old.	「13歳です」
＊old の程度をたずねるので、年齢をきくことになります。	
身長 ・How tall is Tom?	「トムはどれくらいの背の高さですか」
---He is 160 centimeters tall.	「160 センチです」
＊tall の程度をたずねるので、身長をきくことになります。	
長さ ・How long is that bridge?	「あの橋はどれくらいの長さですか」
---It is 500 meters long.	「500 メートルです」

howを使って程度をたずねるときは、<u>対になる語の大きいほうのイメージの単語を使います</u>（たとえば、longとshortならlong、oldとyoungならold、bigとsmallならbigです）。赤ちゃんにもHow oldで年齢をたずねますよ。

レッスン③ 形容詞をたずねる役割をする how

　howは、疑問副詞の称号を持っているのに、形容詞をたずねる働きもあります。本当にhowはただ者ではありません！

◆形容詞をたずねる疑問文

確認しよう

・ How is your father?　　　　　「お父さんのごきげんはいかがですか」
　---He is fine.　　　　　　　　「いいですよ」
　　　　　　　　　　　　　　　▶形容詞 fine をたずねる how です。

・ How is the weather today?　「今日の天気はどうですか」
　---It is sunny.　　　　　　　「晴れです」
　　　　　　　　　　　　　　　▶形容詞 sunny をたずねる how です。

練習問題

次の文を英語になおしなさい。

⑴ A：彼らはどうやって学校に行きますか。
　 B：歩いて行きます。
⑵ A：この鉛筆はどれくらいの長さですか。
　 B：5センチです。（センチ：centimeter）

解答

⑴ How do they go to school? ---They walk to school.[They go to school on foot.]
⑵ How long is this pencil? ---It is five centimeters long.

解説

　もう決まりきっていますが、「英文を書くときは、主語→動詞の順に考える♪ ➡ 第4節 英語のツボ⑲」「問いと答えは同じことを述べている♪ ➡ 第4節 英語のツボ⑱」で考えていきましょう。

⑴ A「どうやって行きますか」なので交通手段を問う How を用います。

B 交通手段を答えるとき、〈by ＋交通手段 (bus / bike / train / plane など)〉で表せますが、今回の「歩いて」は、on foot といいます。foot の前だけ on なので気をつけてください。

一般的には walk（歩く）という動詞を使い、They walk to school. と表すことが多いです。

⑵ A 問いは「どれくらいの長さ」なので〈How long 〜?〉で表します。
B 答えの文はどうでしょうか？

> It is five centimeters. です。ちゃんと centimeter を複数にしましたよ！

残念です！ 「長さ」をたずねる解説の例文と比べてみてください。何か足りませんか？

> long が足らないですね。でも、「5 センチです」と言っているので、long がなくても大丈夫だと思いますが……。

もともとこの how は、very の役割でしたね。It is very long. だと具体性に欠けるから、very を具体的に説明しているのが five centimeters の部分です。だから、It is five centimeters で終わる文は、It is very までしか書いてないことになりますよ。long をつけて正しい文にしましょう。

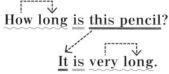

▶ very を具体的に説明しているのが five centimeters

説明で使った文の訳をいくつか再録しておくので、作文できるように練習しておきましょう。

チャレンジ問題

次の文を英語になおしなさい。

(1) A：日本はどうですか。

　　B：大好きですよ。

(2) A：マイクには何人おじさんがいますか。

　　B：3人です。

(3) A：トムはどれくらいの背の高さですか。

　　B：160センチです。

(4) A：今日の天気はどうですか。

　　B：晴れです。

解　答

(1) How do you like Japan? ---I like it very much. ➡ p.207

(2) How many uncles does Mike have? ---He has three. ➡ p.207

(3) How tall is Tom? ---He is 160 centimeters tall. ➡ p.207

(4) How is the weather today? ---It is sunny. ➡ p.208

MEMO

How well he plays tennis!
「彼はなんて上手にテニスをするのでしょう」

■■ イントロダクション ■■

☑ how で始まる感嘆文を作る ▌1

☑ what で始まる感嘆文を作る ▌1

☑ 疑問文と感嘆文を区別する ▌1

疑問詞つながりで、今回は感嘆文（かんたんぶん）を学びます。

レッスン**1**　感嘆文

　驚きや感動のあまり、冷静に〈主語＋動詞…〉の順に単語を並べることができないときに、ある工夫をします。前節まで扱っていた疑問詞を用いるのです。疑問詞は必ず文頭でしたね。なので、疑問詞を用いると、感動した部分を主語の前に出すことができるのです。感嘆文はこのように、疑問詞によって驚きや感動を前に出して強調させた表現のことです。

　第**19**節で、副詞の２つの働きを学びました。そのうちの１つ、形容詞や副詞を前から修飾する副詞、つまり very を疑問詞のwhatもしくはhowに置き換えることによって、感嘆文を作ることができます。

◆感嘆文の作り方

▶感嘆文の形
　〈how ＋形容詞もしくは副詞〉〈what ＋形容詞＋名詞〉

▶感嘆文の作り方
　① very を how に置き換え、このかたまりのまま文頭に移動。
　② very を what に置き換え、このかたまりのまま文頭に移動。
　文末に "！（感嘆符：エクスクラメーションマーク）" をつける。

　① 〈very ＋形／副〉

This tree is ~~very~~ big .　「この木はとても大きい」

└─────────── How ① how に置き換えて、かたまりのまま移動する

How big this tree is!　「この木はなんて大きいのでしょう」

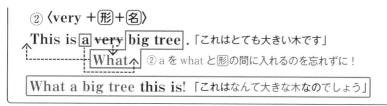

② 〈very ＋形＋名〉

This is a ~~very~~ big tree . 「これはとても大きい木です」

What ② a を what と 形 の間に入れるのを忘れずに！

What a big tree this is! 「これはなんて大きな木なのでしょう」

　実際には、〈主語＋動詞…以下〉が省略されることが多いですが、今は文のしくみを知ることが大事なので、〈主語＋動詞…以下〉も書いて練習しましょう。

■ 練習問題 ❶

次の文を感嘆文にしなさい。

(1) ① That bridge is very long.

　　② That is a very long bridge.

(2) ① His car is very old.

　　② He has a very old car.

(3) ① He plays tennis very well.

　　② He is a very good tennis player.

■ 解答

(1) ① How long that bridge is! ／「あの橋はなんて長いのでしょう」

　　② What a long bridge that is! ／「あれはなんて長い橋なのでしょう」

(2) ① How old his car is! ／「彼の車はなんて古いのでしょう」

　　② What an old car he has! ／

　　　「彼はなんて古い車を持っているのでしょう」

(3) ① How well he plays tennis! ／「彼はなんてテニスが上手なのでしょう」

　　② What a good tennis player he is! ／

　　　「彼はなんて上手なテニス選手なのでしょう」

語句 (1) bridge「橋」

■ 解説

　それぞれ①・②は同じ内容の文になっています。very のあとに名詞があるかどうかで、very を **what** に置き換えるか **how** に置き換えるかが決まります。

　(1) 先ほど説明した、置き換えと移動で感嘆文を作ります。

① 〈very ＋形／副〉

That bridge is ~~very~~ long .
　　　　　　　　　How

How long that bridge is!

② 〈very ＋形＋名〉

That is a ~~very~~ long bridge .
　　　 What　▶a を what と形の間に入れるのを忘れずに！

What a long bridge that is!

(2) 動詞が一般動詞になっても感嘆文の作り方は同じです。②は母音で始まる形容詞 old の前なので限定詞は an になります。

① 〈very ＋形／副〉

His car is ~~very~~ old .
　　　　　　 How

How old his car is!

② 〈very ＋形＋名〉

He has a ~~very~~ old car .
　　　 What　▶an を what と形の間に入れるのを忘れずに！

What an old car he has!

(3) (2)と同じように感嘆文を作ります。

① 〈very ＋形／副〉

He plays tennis ~~very~~ well .
　　　　　　　　　 How

How well he plays tennis!

② 〈very ＋形＋名〉

He is a ~~very~~ good tennis player .
　　　 What　▶a を what と形の間に入れるのを忘れずに！

What a good tennis player he is!

次の文を英語になおしなさい。

(1) A : 彼は何歳ですか。

　　 B : 1 歳です。

(2) 彼はなんて年をとっているのでしょう。

(1) How old is he? ---He is one year old.

(2) How old he is!

　疑問文と感嘆文がちゃんと区別できるかを確認する英作文問題です➡ 第 **19** 節。

　(1) A まず、old の程度をたずねるので、How old を用います。程度をたずねる疑問文なので How old のあとは疑問文の語順、つまり、主語の前に be 動詞を出し、最後にクエスチョンマークをつけます。

　　B 答えの文は、old をくり返すことを忘れないでください。

　(2) He is very old. がもとになった感嘆文です。最後にエクスクラメーションマークが書けましたか？

疑問文と感嘆文は、語順と最後の符号がちがうのですね。

　そのとおりです。実は他にもちがいがあります。old の意味がちがいませんか？

どちらも主語は **he** なので、「年をとっている」という意味で同じはずですが…。

　第 **19** 節 の How long is this pencil? の説明で話したことですよ。5 センチの鉛筆でも、How long でたずねるのでしたね。

　How old is he? はどの年齢の人にもたずねることができるのだから、本当に「年をとっている」かどうかはわからないけれど、感嘆文の How old he is! は、本当に「年をとっている」ときにしか使えない表現だというちがいです。

It is seven thirty now.
［今7時半です］

■■ イントロダクション ■■

☑ 時刻を述べるときに用いる it ①
☑ 曜日を述べるときに用いる it ①
☑ 日付を述べるときに用いる it ①
☑ 天候を述べるときに用いる it ①
☑ 寒暖を述べるときに用いる it ①
☑ 明暗を述べるときに用いる it ①
☑ 距離を述べるときに用いる it ①

今回は it の特別用法を学びます。

レッスン① it の特別用法

　人称代名詞→所有代名詞→疑問代名詞→疑問副詞と学習してきましたが、ここでは初めの人称代名詞にもどって学習します。

　人称代名詞の中でも、実は it は特別なのです。英語は必ず**主語**と**動詞**が必要ですが、「特に主語にするものがない」というときに、it を主語にします。代名詞は前に出た名詞を受けるものなのに、「受ける名詞がない」ということです。**時刻・曜日・日付・天候・寒暖・明暗・距離**などを述べるときに用います。どの場合も「それは」とは訳さないので注意しましょう。

▶中学3年生になると、もう1つ別の it が出てきますのでお楽しみに！

英語の ツボ㊺
● **it は特別♪**

確認しよう

①時刻

・It is seven thirty now. 「今7時半です」

　▶ it is のあとに〈時＋分〉の順に数字を並べます。

　▶ now があってもなくても今の時刻を表します。is が現在形ですから。

・It is seven o'clock. 「7時です」

　▶ 00 分のときは、〈時〉だけで大丈夫です。後ろに o'clock をつけることもあります。

· What time is it in London?　「ロンドンでは何時ですか」

-- It is eight twenty-five in the morning.　「午前8時25分です」

　▶場所を付け加えたいときは、最後に〈in＋地名〉を付けます。

　▶午前〔午後、晩〕を明確にして答えたいときは、最後に in the morning
　〔afternoon, evening〕をつけます。

· It is about five.　「5時ごろです」

　▶数字の前に about をつけると、おおよその時刻を表します。

②曜日

· What day is it today?　「今日は何曜日ですか」

-- It is Wednesday.　「水曜日です」

③日付

· What is the date today?　「今日の日付は何ですか」

　▶ date は「日付」という意味です。

-- It is February 10.　「2月10日です」

　▶読むときは、日付を序数で読みます。序数は「〜番目」の意味です。2月10日と
　いうのは、2月になってから10番目の日のことです。

· When is your birthday?　「あなたの誕生日はいつですか」

-- It is November 25.　「11月25日です」

　▶誕生日のたずね方は、決まり文句として覚えましょう。

④天候

· How is the weather today?　「今日の天気はどうですか」

-- It is sunny〔cloudy, rainy, snowy〕.　「晴れ〔曇り、雨、雪〕です」

· It rains a lot in June.　「6月はたくさん雨が降ります」

　▶ rain は「雨が降る」という自動詞です。a lot は「たくさん」という副詞です。

⑤寒暖

· It is very cold in Hokkaido in winter.　「北海道は冬、とても寒いです」

　▶「温かい」warm、「暑い」hot、「涼しい」cool

⑥**明暗**

· It is dark〔light〕outside. 「外は暗い〔明るい〕です」

⑦**距離**

· It is three kilometers from here to the station.
「ここから駅まで３キロです」

　この節は、そのような言い方がある、ということだけでもわかればOK
です。上の例文のいくつかの訳をもう一度書いておくので、英作文できる
ようにしておいてください。

練習問題

次の文を英語になおしなさい。

(1) A：ロンドンでは何時ですか。
　　 B：午前８時25分です。

(2) A：今日は何曜日ですか。
　　 B：水曜日です。

(3) A：今日の日付は何ですか。
　　 B：２月10日です。

(4) ６月はたくさん雨が降ります。

(5) 北海道は冬、とても寒い。

(6) 外は暗いです。

(7) ここから駅まで３キロです。

解　答

(1) What time is it in London?
　　 ---It is eight twenty-five in the morning.

(2) What day is it today? ---It is Wednesday.

(3) What is the date today? ---It is February 10.

(4) It rains a lot in June.

(5) It is very cold in Hokkaido in winter.

(6) It is dark outside.

(7) It is three kilometers from here to the station.

MEMO

第22節 Let's play tennis.
[テニスをしましょう]

■■ イントロダクション ■■

- ☑ 「〜しなさい」という命令文を作る ▶1
- ☑ 呼びかけのついた命令文を作る ▶2
- ☑ 丁寧に依頼する文を作る ▶2
- ☑ 禁止する命令文を作る ▶2
- ☑ 誘う文を作る ▶2

　今回は「〜しなさい」と命令する**命令文**を学びます。

レッスン1　命令文の基本

　命令文を習っていなくても、Stand up. や Sit down. などの命令文を学校で聞いたことがあると思います。

　命令文って、どんなイメージがありますか？

> 主語がなくて、いきなり動詞から書く文です。

　そうですね。「主語がない」と、「動詞から書く」をもう少し掘り下げてみましょう。そこに、この2つに命令文の秘密がかくされています。

　「主語がない」ということは、主語にあたる人がいないのでしょうか。それとも、主語にあたる人はいるのにそれを省略しているのでしょうか。どちらでしょうか。

> 主語にあたる人がいないのはおかしいです。だって、命令されたら、だれかがその動作をするわけですから。

　だれがその動作をするのか考えてみてください。もしここで、私がStand up. といったら、だれが立ちますか？

> 私しかいないので、私が立ちます。

　ということは、命令文の主語はだれですか？

命令を聞いている人ですか？

そのとおりです。命令文を聞いているということは、話を聞いている人のことなので、二人称ですね。つまり、**命令文の主語はyou**です。命令を聞いている人しかその動作を実行できませんからね。そして、主語がyouだとわかりきっているので、「命令文は主語にあたる人はいるけれど、省略されている」ということになります。

では、命令文の動詞はどんな語形ですか？

語形といわれても……。

今、みなさんが知っている動詞の語形は、現在形と原形です。 第**13**節 でくわしく説明しましたよ。**命令文で使う動詞は原形**です。「意味」を与えているのが原形でしたね。

現在形ではなく原形を用いているのは、次の文例でよくわかります。

確認しよう

▶**命令文の作り方**

主語youを省略して動詞の原形から文を始める

・Be quiet. 「静かにしなさい」

このbeというのは、am / are / isの原形です。am / are / isを「be動詞」というのは、「原形がbeという動詞」という意味なのです。

	原形	現在形
一般動詞	play	play = 〈do + play〉 plays = 〈does + play〉
be 動詞	be	am are is

英語の ツボ 46

●命令文は明らかな主語 you を省略し、
　動詞の原形を用いる♪

レッスン2　いろいろな命令文

命令文には、いくつかの種類があります。

①呼びかけをつける

　名前などを呼びかける場合は、文頭、文末、どちらにもつけることが可能です。どちらもコンマ（,）で区切って〈**名前,** <u>**動詞の原形**</u> **～ .**〉または〈<u>**動詞の原形**</u> **～ , 名前.**〉の形で表します。

> **確認しよう**
>
> ・<u>Ken,</u> be quiet.　　「ケン、静かにしなさい」
> ・Be quiet, <u>Ken.</u>　　「静かにしなさい、ケン」

②丁寧に依頼する

　pleaseをつけると「～してください」という丁寧（ていねい）な依頼（いらい）の文になります。文頭、文末、どちらにつけても大丈夫ですが、文末のときはコンマ（,）で区切ってください。文頭のpleaseのあとは、コンマをつけてはいけません。

please の位置	形	日本語訳
文頭	〈 Please + **動詞の原形** ～ . 〉	「～してください」
文末	〈 **動詞の原形** ～ , please. 〉	

> **確認しよう**
>
> ・<u>Please</u> be quiet.　　「静かにしてください」
> ・Be quiet, <u>please.</u>

③禁止する

「〜してはいけません」と禁止するときは、動詞の原形の前にDon'tを置いて〈Don't ＋ 動詞の原形 〜 .〉の形で表します。

確認しよう

・Don't be noisy. 「騒いではいけません」

④誘う

「(いっしょに) 〜しましょう」と誘うときは、原形の前にLet'sを置いて〈Let's ＋ 動詞の原形 〜 .〉の形で表します。

確認しよう

・Let's play tennis. 「テニスをしましょう」

　これは、誘う場合の命令文は主語がyouではなくweという特殊な形です。くわしいことは3年生で学びますが、Let's というのは、let usの短縮形で、ここにus「私たち」がかくれているのです（もとの文はWe play tennis.です）。今は命令文の前にLet'sを置くと誘う文にできることだけおさえておいてください。

練習問題

次の英文を、[ ]内の指示にしたがって書きかえなさい。

(1) You get up at six. [「〜しなさい」という命令文に]

(2) You are a good boy. [「〜しなさい」という命令文に]

(3) You write your name here. [「〜してください」という依頼の文に]

(4) You open your eyes. [「〜してはいけません」という禁止の文に]

(5) You eat this apple.
　　[「どうか〜しないでください」という丁寧な禁止の文に]

(6) We go to the park. [「〜しましょう」と誘う文に]

(7) Emi washes her hands before lunch.
　　[「エミ、〜しなさい」という命令文に]

(1) Get up at six. ／「6 時に起きなさい」

(2) Be a good boy. ／「いい子にしなさい」

(3) Please write your name here. ［Write your name here, please.］
／「あなたの名前をここに書いてください」

(4) Don't open your eyes. ／「目を開けてはいけません」

(5) Please don't eat this apple.［Don't eat this apple, please.］／
「どうかこのリンゴを食べないでください」

(6) Let's go to the park. ／「公園へ行きましょう」

(7) Emi, wash your hands before lunch.
［Wash your hands before lunch, Emi.］／
「エミ、昼食の前に手を洗いなさい／昼食の前に手を洗いなさい、エミ」

■ 解 説

命令文の作り方は、明確な主語 you を省略し、動詞を原形にします。

(1) You を省略して、動詞からの文を始めます。この文の動詞 get は〈do ＋ get〉なのですが、原形も同じ形の get です。

(2) この文の動詞 are は現在形なので、原形 be で文を始めます。

(3) **依頼**の文は please を使います。文頭の please のあとは、コンマ (,) をつけてはいけません。文末のときはコンマで区切ります。「コンマをつける、つけない」の区別はできていますか？

(4) **禁止**の文は動詞の原形 open の前に **Don't** を置きます。

(5) please と don't の語順に気をつけてください。Don't eat this apple. という命令文の前後に please をつけて丁寧な依頼にする、と考えれば、please と don't の語順をまちがえません。

(6) **誘う**文は動詞の原形 go の前に **Let's** を置きます。

(7) × Emi, wash her hands before lunch. としてしまった人はいませんか。命令文の主語が you であることを忘れてはいけません。省略されていますが、主語は you なのですから、your hands になります。命令文の主語が you だということは、こういうところに影響が出てくるので注意してくださいね。

Emi   washes   her   hands ....
↑主語がEmiだからher↑

You   wash   your   hands ....
↑主語がyouだからyour↑

仕上げに英作文の例題をやってみましょう。

例題

次の文を英語になおしなさい。

⑴ この写真を見なさい。

⑵ 私の言うことを聞きなさい。

⑶ 学校に遅刻してはいけません。

解答

⑴ Look at this picture.

⑵ Listen to me.

⑶ Don't be late for school.

解説

⑴・⑵ **命令文**といえば、「〜を見なさい」「〜を聞きなさい」は定番です。「見る」「聞く」は、あとに「何を？」と聞きたくなるので他動詞に思えますが、実は自動詞で、look at 〜「〜を見る」、listen to 〜「〜を聞く」のように**前置詞**と共に用います。日本語の感覚と少しずれるような英語の言い方はまちがえやすいので、しっかり覚えてください。

ただ、「見て！」と命令するときは、"Look." なのですか、それとも "Look at." なのですか？

いい質問ですね！　覚えるときは look at 〜でよいのですが、〈前置詞＋名詞〉はいつもセットなので、〈at ＋名詞〉を書くか書かないかの選択になります。だから、「見て！」というときは、Look. と動詞だけになります。

⑵の「私の言うこと」はどう表現するのですか？

　そうそう、ちゃんと説明しておかないと、× Listen to my say. と書く人が出てくるのです。listen to ～の「～を聞く」は、「～のいうことを聞く」という意味にもなるので、to のあとは「私」にあたる単語だけで大丈夫です。前置詞のあとなので、目的格ですね。

　⑶「～に遅刻する」は be late for ～を用います。「してはいけません」という禁止の命令文なので Don't で文を始めて、**Don't be late for school.** になります。late の品詞はわかりますか？

be 動詞のあとということは、形容詞ですか？

　そうです。原形 be を忘れないようにしてください。late は一般動詞ではありません。「遅い」という形容詞です。

さっきの例文にもあったから、そんなものなのかな～、と思ったのですが、be 動詞の文なのに、don't を使ってもいいのですか？

　「be 動詞の文」をどう定義するか、という話になるのですが、これは2年生になってからのほうがよさそうなので、しばらく待ってください。ただ言えることは、Don't be という表現はまちがっていません。禁止の命令文は、原形の前に Don't を置く、でした。たまたまその原形が be になったというだけです。

チャレンジ問題

次の文を英語になおしなさい。
⑴ 自分の部屋をそうじしなさい。
⑵ このコンピュータを使ってはいけません。
⑶ どうかここにきてください。
⑷ サッカーをしましょう。

■ 解 答

(1) Clean your room.

(2) Don't use this computer.

(3) Please come here. [Come here, please.]

(4) Let's play soccer.

■ 解 説

(1)「〜しなさい」という**命令文**なので動詞の原形 clean で文を始めます。「自分の部屋」の自分は二人称の相手のことなので、your room で表します。

(2) **禁止**の文は動詞の原形 use の前に **Don't** を置きます。

(3)「〜してください」という**丁寧な依頼**の文は please を使います。

(4) **誘う文**は動詞の原形 play の前に **Let's** を置きます。

He can play tennis well.
「彼は上手にテニスをすることができます」

■■■ イントロダクション ■■■

☑ can を含む文の形を知る ▶ 1
☑ 助動詞 can の文を作る ▶ 2
☑ 助動詞 can の否定文・疑問文を作る ▶ 2
☑ can を含む助動詞の働きを知る ▶ 3

今回は助動詞 can を学びます。

レッスン1 助動詞の働き

1年生では、この can を勉強するところで**助動詞**という言葉が出てくることが多いのですが、この本ではもうすでに助動詞という言葉を使っています。どこで出てきたか、覚えていますか？　ちなみに、今回から最後の 第**26**節 まで、**助動詞**の話がずっと続きますよ。

> もちろん覚えています！　助動詞は動詞を助ける働きで、
> do / does のことでした ➡ 第**13**節

すばらしいです！　いろいろ説明する前に、まず can を含んだ文と今まで学んだ文を並べて書いてみましょう。

◆can を含んだ文と does を使った文の比較

can を使った文	does を使った文
He can play tennis.	He plays tennis.
He can't play tennis.	He doesn't play tennis.
Can he play tennis? ---Yes, he can. No, he can't.	Does he play tennis? ---Yes, he does. No, he doesn't.

何か気づきましたか？

canの文は、主語が He「彼は」という三人称単数なのに、動詞に -s がついていません！

はい、そこです！　なぜcanを用いると主語が三人称単数なのに動詞に-sがつかないのかについて、今回は考えていきます。

他にも何か気づきませんか？

否定文、疑問文、答え方は似ています。does を can にすれば左側の文になるし、can を does にすれば右側の文になります。

そうですね。ただし、最初の「ふつうの文」だけ少しちがいますね。今までの文は、doesが動詞の原形の後ろにかくれて動詞のあとに-sだけしか見えていませんでしたが、canはふつうの文でも姿が見えています。

否定文や疑問文を見るかぎり、canとdoesは似ている、ということからわかるように、canは助動詞です。　**第13節**　で、否定文や疑問文の作り方を、助動詞という言葉を使って説明したことを思い出してください。

「否定文は助動詞のあとにnotをつける♪疑問文は主語の前に助動詞を出す♪答えるときは、助動詞をくり返す♪➡ **第13節** **英語の ツボ㊲**」

これを思い出すと、なぜcanを用いると主語が三人称単数でも動詞に-sがつかないか、わかりますよ。3単現の-sは結局doesのことでしたね。もしcanのあとの動詞に3単現の-sがついていたら、否定文や疑問文はどうなりそうですか？

can が助動詞で、does も助動詞となると、can に not をつけていいのか、does に not をつけていいのか迷ってしまいます……。

そうですよね。だから、次のことが決まっているのです。

英語の ツボ㊼
● 1 つの文に助動詞は 1 つ♪

なるほど！ そうすれば、否定文も疑問文も1つに決まります！

　それでは、次です。なぜ、ふつうの文だけ見た目がちがうのでしょうか。実はこれは、doesもcanも助動詞ですが、canにはdoesにない働きがあるのが理由です。それは「**動詞に意味をつけ加える**」という働きです。

　doやdoesは、ただ、"現在"を表しているだけで、助動詞自体には意味がありませんでした。だから、少しくらい姿がかくれても問題はなかったのですが、canには単語自体に意味があるのです。だから、いつでも自分の姿を見せていないといけないのです。

レッスン2　can の意味

　助動詞canは、動詞に「**～することができる**」という意味をつけ加えます。能力がある、可能性がある、ということです。「**～してもよい**」という許可の意味になるときもあります。

◆ can の否定文・疑問文の作り方

　canも助動詞なので、すでにわかっているかもしれませんが、「**～できない**」いう否定文と、「**～できますか**」という疑問文の作り方と答え方を確認していきましょう。

　助動詞の「否定文は助動詞のあとにnotをつける」でしたが、can のあとにnotをつけるとcannotと1語になるので注意してください。**短縮形**はcan'tです。

◆canの否定文

▶否定文の形

〈　__主語__　＋　__cannot[can't]__　＋　__動詞の原形 ～__ .　〉

一人称・二人称・三人称　　　　助動詞　　　　　右側は必ず動詞の原形！

▶否定文の作り方

①**助動詞の右側にnotをつけ、cannotという形を作る。**

　▶can'tはcannotの短縮形

②**助動詞の右側を動詞の原形にする。**

▶否定文の例

否定文

He <u>cannot</u> <u>speak</u> English well.
        ①   ②

「彼は上手に英語を話すことができません」

◆canの疑問文

▶疑問文の形

〈 Can   +   <u>主語</u>   +   <u>動詞の原形</u> 〜？ 〉

助動詞   一人称・二人称・三人称   右側は必ず動詞の原形！

▶疑問文の作り方と答え方

①主語の前に助動詞を出す。

②主語の右側を動詞の原形にする。

③答えでは、主語の人称に合わせて代名詞 ➡ 第12節 を使う。

④主語の右側では、一般動詞を使わず、助動詞をくり返す。

　「はい」の場合⇒〈Yes, ＋主語＋ can.〉

　「いいえ」の場合⇒〈No, ＋主語＋ <u>cannot[can't]</u>.〉

▶疑問文の例

疑問文   <u>Can</u> he <u>speak</u> English? 「彼は英語を話せますか」
            ①   ②

答え   Yes, <u>he</u> <u>can</u>. ⇒「はい、話せます」
             ③ ④

          No, <u>he</u> <u>cannot[can't]</u>. ⇒「いいえ、話せません」
             ③   ④

確認しよう

・He can speak English well. 「彼は上手に英語を話すことができます」

・We can't use this room on Sunday afternoon.
「私たちは日曜日の午後にこの部屋を使うことができません」

・Can I open this box? 「この箱を開けてもいいですか」

「1つの文に助動詞は1つ♪ ➡ **英語の ツボ㊼** 」は大事なポイントですが、助動詞の働きは何度も見直すので、整理しておきましょう。

英語の ツボ㊽

●**助動詞の働き♪**

① 時制（過去、現在）を表す♪

② 否定文、疑問文を作る♪

・否定文→助動詞のあとに not をつける

・疑問文→助動詞を主語の前に出す

・答え方→助動詞をくり返す

③ 動詞に意味をつけ加える♪

時制とは、「現在・過去・未来」のことです。 **第25節** では、過去の表現を学ぶので、いやでも「時制」という言葉が出てきます。なので、ここでもう使ってしまいますね。

助動詞というと、ふつうは③の働きのあるものを指すのですが、③の働きがなくても、①と②の働きがあればそれはもう立派な助動詞だ、と定義すると、否定文や疑問文の作り方がシンプルに見えてきます。ちなみに、③の働きがあるものは、必ず①と②の働きもあるので安心してください。

練習問題 ❶

次の英文に can を加えて書きかえ、できた英文を日本語にしなさい。

(1) My father speaks French well.

(2) You eat lunch here.

解 答

(1) My father can speak French well.

　「私の父は上手にフランス語を話すことができます」

(2) You can eat lunch here.

　「あなた（たち）はここで昼食を食べることができます［食べてもよいです］」

解説

do や does のかわりに **can** を用いた英文にします。can のあとの動詞を原形にすることを忘れないでください。

(1) speaks ＝〈助動詞 does ＋ speak〉を〈助動詞 can ＋ speak〉にします。

(2) eat ＝〈助動詞 do ＋ eat〉を〈助動詞 can ＋ eat〉にします。

練習問題 ❷

次の英文を、[　　]内の指示にしたがって書きかえなさい。

(1) I can run fast. ［否定文に］

(2) Their sister can dance well. ［疑問文にして Yes で答える］

解答

(1) I <u>can't</u>[cannot] run fast. ／「私は速く走れません」

(2) Can their sister dance well? ---Yes, she can. ／
「彼らのお姉さん [妹さん] は上手にダンスができますか」
「はい、できます」

語句　(1) run「走る」／ fast「速く」　(2) dance「踊る」

解説

(1) 否定文は can を cannot または短縮形の can't にします。

(2) 疑問文は can を文頭に移動します。答えの文では主語を代名詞にして、can を使います。their sister の代名詞は she です。

練習問題 ❸

次の英文を、[　　]内の指示にしたがって書きかえなさい。

(1) Bob doesn't write *kanji*. ［can を用いて］

(2) What time do you get up? ［can を用いて］

(3) We can't ski here in April. ［can を用いない文に］

(4) Who can play golf in your family? ［can を用いない文に］

解答

(1) Bob <u>can't</u>[cannot] write *kanji*. ／「ボブは漢字を書けません」

(2) What time can you get up? ／「あなたは何時に起きられますか」

(3) We <u>don't</u>[do not] ski here in April. ／

「私たちはここで4月にスキーをしません」

(4) Who plays golf in your family? ／

「あなたの家族でだれがゴルフをしますか」

語句 (1) write「〜を書く」 (2) get up「起きる」 (3) ski「スキーをする」／here「ここで」／ April「4月」 (4) golf「ゴルフ」／family「家族」

解説

「1つの文に助動詞は1つ♪ ➡ **英語の ツボ⑰** 」です。can を用いるなら、do / does は使いません。逆に、can を用いないなら、主語に応じて do / does を用いることになります。

(1) doesn't を <u>can't</u>[cannot] にします。

(2) do を can にします。

(3) can't を don't または doesn't にします。主語の we は複数なので don't を用います。

(4) この文は主語が who です。 **第13節** でやったように、<u>who は三人称単 数扱い</u>なので、can のかわりに does を用います。

> つまり、**Who <u>does play</u> golf in your family?** ですね！

おしいです！ 考え方はすばらしいので、あと一歩ですね。 **第13節** で 話したとおり、<u>助動詞 does と原形が隣（となり）になったときは、現在形にまとめ ないといけません。</u>だから、動詞は × does play → ○ <u>plays</u> です。現在 形にまとめるところまで頭がまわるようになれば、英語が上達している証 拠です。

チャレンジ問題

次の文を、can を用いた英語になおしなさい。

(1) 私の弟は自転車に乗ることができます。

(2) 彼女はスケートをすることができません。

(3) あなたのお手伝いをしてもよいですか。

(4) 私の宿題を手伝ってもらえますか。

(5) この絵の中に何が見えますか。

解 答

(1) My brother can ride a bike.
(2) She can't skate.
(3) Can I help you?
(4) Can you help me with my homework?
(5) What can you see in this picture?

語句 (1) ride「〜に乗る」 (2) skate「スケートをする」

解 説

(1) 主語が「私の弟」という三人称単数でも、can を用いた場合は動詞に -s はつきません。もちろん、can にも -s はつきません。

(2) 「スケートをする」は 自 skate です。play skate ではありません。play「〜をする」は球技をする場合に用います。

(3) 主語が省略されているので、主語を補いましょう。相手に**許可**を求めているので、あなたを手伝うのは「私」です。**Can I help you?** 店員がこれを使うと「いらっしゃいませ」の意味になります。「店員である私が、客であるあなたを手伝ってもよいですか？」ということです。

(4) 主語を補いましょう。相手に**依頼**しているので、私の宿題を手伝うのは「あなた」です。日本語では「宿題」が help の目的語になりますが、help は〈help ＋人＋ with ＋物事〉で「物事に関して人を手伝う；人の物事を手伝う」という使い方をします。直接宿題を手伝うのではなく、宿題をしている人を手伝う、という発想ですね。**Can you help me with my homework?** になります。× Can you help my homework? はまちがいなので、気をつけてください。

(5) 相手にたずねているので、主語は you です。「見る」はどんな動詞を使うのか、本当はここが難しいです。何かが見えている状態、人や物の像が目に入ってくる状態を表す「〜を見る」は see です。**第24節**の内容とも関わってくるので、**第24節**でもう一度この問題を振り返ります。see の目的語が what、修飾語が in this picture です。**What can you see in this picture?** になります。

235

He is playing tennis now.
[彼は今テニスをしているところです]

■::■ イントロダクション ::■■

☑ 現在進行形の文を作る 〔1〕
☑ 現在進行形の否定文・疑問文を作る 〔2〕
☑ 現在の文と現在進行形の文のちがいを知る 〔3〕
☑ 進行形の文で使える「見る」と「聞く」の動詞を知る 〔3〕
☑ 近い未来を表す現在進行形の文を作る 〔4〕

今回は現在進行中の動作を表す表現、**現在進行形**を学びます。

レッスン**1** 現在進行形の文

これまで学習してきた文は「現在」の状態や習慣のことを表す文でした。それを「現在形」といいます。「今やっていること」「現在進行中の動作」を表すのは「**現在進行形**」と呼びます。

現在進行形の文は、動詞を〈am[are / is]＋動詞の-ing形〉で表します。主語の人称によりam / are / isを使い分けることはもう学習済みですね➡ **第12節**。動詞の-ing形は、原形のあとに-ingをつけます。語尾によって-ingのつけ方がちがいますので、一覧表にしておきます。

◆一般動詞の-ingのつけ方

1	ふつうは、語尾にそのまま -ing をつける	例 play「（球技など）をする」 ⇒ playing
2	発音しない -e で終わる語 ⇒ -e をとって -ing をつける	例 make「～を作る」 ⇒ making
3	〈アクセントのある短母音＋子音字〉で終わる語 ⇒ 子音字（最後の文字）を重ねて-ing をつける	例 run「走る」 ⇒ running 例 swim「泳ぐ」 ⇒ swimming 例 sit「座る」 ⇒ sitting

| 4 | -ie で終わる語
⇒ -ie を -y に変えて -ing をつける | 例 lie「横たわる」
⇒ lying
例 die「死ぬ」
⇒ dying |

▶短母音：短く発音する母音字　　▶子音字：aiueo 以外の文字

現在進行形の文は、動詞が 2 つあるように見えるのですが、動詞は 1 つの文に 1 つでしたよね？　be 動詞と一般動詞はいっしょに使ってはいけないと、あんなに言っていたのに…。

大丈夫です。現在進行形の文に動詞は 1 つしかありませんよ。

そうなのですか!?

　今回のテーマは、現在進行形の文に動詞は 1 つしかないことを理解することです。「現在テニスをしている」という現在進行形の文を、主語が I の場合、主語が He の場合で書いてみましょう。

確認しよう

・I am playing tennis.　「私はテニスをしています」
・He is playing tennis.　「彼はテニスをしています」

　主語 I と He では、どこがちがっていて、どこが同じですか？

be 動詞の am と is がちがうだけで、playing 以下は同じです。

　そうですよね？　ですので、動詞は be 動詞だけで、playing は動詞ではありません。

playing が動詞ではないと言われても、「〜をする」という意味がありますよね？

237

「～をする」という意味は、playing の play の部分です。意味を表すのは原形の部分ですよ。

> では、いったい、-ing とは何ですか？　動詞でなかったら、何なのですか？

　形容詞ですよ！

> え〜っ!?

　be動詞の公式を思い出してください。be動詞のあとの**補語**には、**名詞か形容詞**が代入されるのでしたよね。playing tennis は「テニスをしているところ」という**形容詞**だと考えたらよいのです。本当は2年生で学ぶことですが、His hobby is playing tennis. はどんな意味だと思いますか？

> **His hobby** が主語だから「彼の趣味は」で始めると、「テニスをすることです」になってしまいますね……。

　ほら、今度は playing tennis が名詞になりましたよね。

英語の ツボ㊾

●**動詞には時制を表す形と、時制がなく他の品詞になる形がある♪**

　思い出してみましょう。一般動詞 play の現在形はいくつありましたか？

> 2つです。**play** と **plays** です。

　そうでしたね。play ＝〈do＋play〉、plays ＝〈does＋play〉、do ／ does は現在を表す**助動詞**、play は原形で意味を表しているところ、でした。主語によって、play を用いるのか plays を用いるのかを使い分けているのですね。playing は動詞ではありませんからね！

238

原形 (意味を表す)	現在形 【現在】を表す助動詞と 【意味】を表す動詞の原形の足し算	-ing 形 名詞や形容詞など動詞以外の品詞に なる
play	play 〈do + play〉 ▲ 助動詞＋動詞の原形 plays 〈does + play〉 ▲ 助動詞＋動詞の原形	playing

現在進行形は、どうしても -ing のイメージが強く、大事な be 動詞を見落としがちです。そして、-ing 形こそが現在形だと思い込む人も多いです。「現在」を表しているのは、現在形の am / are / is であることをよく理解してください。

英語の ツボ㊿

● 現在進行形は be 動詞の文。動詞が 2 つ混ざっている
　文ではない♪

練習問題

次の文を現在進行形の文に書きかえなさい。

(1) He studies science.

(2) My brothers swim in the sea.

(3) I ski with Fred.

解答

(1) He is studying science. ／「彼は理科を勉強しているところです」

(2) My brothers are swimming in the sea. ／
　　「私のきょうだいたちは海で泳いでいるところです」

(3) I am[I'm] skiing with Fred. ／
　　「私はフレッドとスキーをしているところです」

語句　(2) swim「泳ぐ」／ sea「海」　(3) ski「スキーをする」／ Fred「フレッド〔男性の名前〕」

解説

(1) 現在進行形は〈am[are / is] ＋動詞の -ing 形〉です。主語が三人称単数なので、be 動詞は is を使います。studies を原形の study にして、それに -ing をつけます。study は三人称単数現在の -s をつけるときは、

239

y を i に変えて es をつけました。そのつけ方の影響で、-y を i にかえて ng だけつける人が多いです。y を書き忘れていないか、確認してください。

(2) brother に -s がついているので主語は複数です。動詞の語形からも主語が複数だとわかります。be 動詞を are にします。swim は m を重ねて -ing をつけ、swimming とします。

(3) ski のあとに -ing です。i を重ねて書きます。

レッスン**2** 現在進行形の否定文・疑問文

現在進行形の文が be 動詞の文なので、否定文、疑問文、答え方は be 動詞の文と同じです。

◆現在進行形の否定文

▶否定文の形

〈主語＋be動詞＋not＋動詞の-ing形 〜 .〉

▶否定文の作り方

be動詞の文同様、be動詞のあとにnotを置く。

▶否定文の例

ふつうの文	He is playing tennis now.
	「彼は今テニスをしています」
否定文	He is [not] playing tennis now.
	「彼は今テニスをしていません」
	▶be動詞のあとにnotを置く。isn't / aren't など短縮形にもできる

◆現在進行形の疑問文

▶疑問文の形

〈be動詞＋主語＋動詞の-ing形 〜 ?〉

▶疑問文の作り方と答え方

be動詞の文同様、be動詞を主語の前に移動させる。
答えるときもbe動詞を使う。

ふつうの文	He is playing tennis now.「彼は今テニスをしています」
疑問文	$\boxed{\text{Is}}$ he playing tennis now?
	「彼は今テニスをしていますか」
	▶be動詞を主語の前に移動させる
答え	-- $\boxed{\text{Yes}}$, he is. 「はい、しています」
	-- $\boxed{\text{No}}$, he is $\boxed{\text{not}}$. 「いいえ、していません」
	▶he is notはhe isn'tと短縮形にできる。

▌練習問題 ❶▐

次の英文を、[　]内の指示にしたがって書きかえなさい。

(1) I am playing the piano. [否定文に]

(2) Your friends are helping Mr. Kato. [疑問文にして、Yesで答える]

▌解 答▐

(1) I'm[I am] not playing the piano. ／
　　「私はピアノをひいているところではありません」

(2) Are your friends helping Mr. Kato? ---Yes, they are. ／
　　「あなたの友達たちは加藤先生を手伝っているところですか」
　　「はい、そうです」

▌解 説▐

　am / are / is の否定文、疑問文の作り方にしたがいます。動詞の -ing
形はそのまま変わりません。

　(2) 主語が your friends なので、答えの文で代名詞 they にします。

◆ be動詞は助動詞の1つ

否定文、疑問文を作りながら、あれっ？ と思うことがで
てきたのですが、質問してもいいですか？

どうぞ！　もしかして、すごいことに気づいてくれましたか？

第23節 で、次のように助動詞のまとめをしました。

「1つの文に助動詞は1つ♪➡第23節 英語のツボ㊼」

「助動詞の働き♪①時制（過去・現在）を表す♪②否定文・疑問文を作る♪（否定文→助動詞のあとにnotをつける／疑問文→助動詞を主語の前に出す／答え方→助動詞をくり返す）③動詞に意味をつけ加える♪➡第23節 英語のツボ㊽」

「①と②の働きがあれば立派な助動詞だ」と言ってましたよね。まさか、be 動詞とは助動詞なのですか？

すばらしいです！　よく気づきましたね。be動詞は助動詞です。

am / are / isは現在形だから、時制を表すという①の働きを持っています。be動詞の否定文はbe動詞のあとにnotを置き、疑問文はbe動詞を主語の前に出すので、②と同じです。

現在進行形に含まれる助動詞がbe動詞だと考えるとシンプルですよ！

英語のツボ(51)

● be 動詞は助動詞の1つである♪

be動詞を助動詞と考えるとき、次のことに気をつけましょう。いっしょに用いる動詞の語形をまちがえないことです。詳しくはp.256で説明します。

助動詞 ＋ 一緒に用いる語形		
do / does / can	＋	動詞の原形
am / are / is	＋	動詞の -ing 形

英語のツボ(52)

●助動詞と、それと共に用いることのできる動詞の語形を覚えよう♪

練習問題 ②

次の文を現在進行形の文に書きかえなさい。

(1) He doesn't take a walk.

(2) What do you do in your room?

■ 解答 ◀

(1) He <u>isn't</u>[is not] taking a walk. ／

　　「彼は散歩をしているところではありません」

(2) What are you doing in your room? ／

　　「あなたは部屋で何をしているところですか」

（語句） (1) take a walk「散歩をする」

■ 解説 ◀

　be 動詞と動詞の -ing 形を正しく使えましたか？　現在進行形の文の be 動詞は**助動詞**です（簡単にいうと、be 動詞の文です）。be 動詞の否定文と疑問文にします。つまり、否定文や疑問文で do / does は使いません。動詞の -ing 形にばかり気を取られないよう注意しましょう。

　(2) 文の中に do が 2 つありますが、働きがちがうことに気づけましたか？

↓これは動詞の原形。現在進行形では doing になる。

What do you do in your room?

↑これは助動詞。現在進行形では are になる。

レッスン❸　現在進行形と現在形のちがい

　現在進行形は今まで習ってきた「現在形」の文と何がちがうのか、よくわかりません。**He plays tennis.** と **He is playing tennis.**、どちらも「今テニスをしている」ことになりませんか？

He plays tennis. の文は、今テニスをしているかどうかわかりませんよ。

　でも、現在形って「現在」なのだから、「今」のことを表していますよね？

　「現在」＝「今」というわけではないのです。「現在形」はすごくわかりにくいですね。とくに「現在」という言葉が難しいです。もう少しイメージしやすいように、動作を「食べる」に変えてみますね。今ごはんを食べ

ていますか？

そんなわけないですよ。今、こうして一生懸命、英語の勉強をしています！

そうですよね。では、質問を変えましょう。いつもごはんを食べていますか？

そりゃそうですよ。食べないと生きていけないですよ！

そこです！

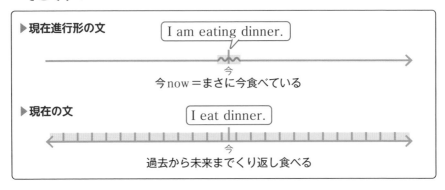

▶現在進行形の文

I am eating dinner.

今now ＝まさに今食べている

▶現在の文

I eat dinner.

今

過去から未来までくり返し食べる

　I am eating dinner.はまさに今食べている最中ですが、I eat dinner.はくり返し行っていることです。毎日ごはんを食べ続けていますよね。昨日も一昨日もその前も、そして、明日も明後日もその後も。それが「現在形」です。「現在」なのに、過去から未来まで含むイメージなのです。すなわち、習慣になっているということです。現在の習慣だから、昨日も明日もその動作をするよね、ということなのです。

　現在進行形の文を書くとき、次の2点に注意してください。
① 現在進行形の文では、習慣を表す副詞（every ～や、頻度を表す副詞）を使えない。
　　▶習慣を表す主な副詞：every ～／always ／usually ／sometimesなど
② 現在進行形は、動作をしている最中だ、という意味なので、動作を表していない動詞（状態動詞）は、進行形にすることができない。
　　know（～を知っている）、have（～を持っている）、want（～をほしがっ

ている）、love（〜を愛している）などが**状態動詞**の代表です。状態動
詞の特徴は、日本語の訳が「〜している」となることです。「〜してい
る」＝現在進行形、と覚えないでくださいね。

「状態」を表す動詞	「動作」を表す動詞
know「〜を知っている」／ have「〜を持っている」／ want「〜をほしがっている」／ love「〜を愛している」／ like「〜を好む」 など	eat[have]「〜を食べる」／ play「〔球技・演奏〕をする」／ write「〜を書く」 など

英語の ツボ⑬

●「〜している＝現在進行形」ではない♪

●時制は、訳し方ではなく、図で理解しよう♪

練習問題 ❶

次の英文の（　　）内から適当なものを選びなさい。

(1) A: (Do, Are) you usually (practice, practicing) *judo* after
　　school?

　　B: Yes, I (do, am).

(2) A: Take an umbrella with you. It (is raining, rains) outside.

　　B: OK. It (is raining, rains) a lot in June in Japan.

(3) I (am having, have) a sister and a brother. My sister (is
　　having, has) breakfast now. My brother (is having, has) a
　　headache and is in bed now.

解 答

(1) Do, practice ／ do ／「あなたは放課後たいてい柔道を練習しますか」
　　「はい、します」

(2) is raining ／ rains ／「かさを持っていきなさい。（今）外は雨が降って
　　いますよ」「わかった。日本は６月に雨がたくさん降るね」

(3) have ／ is having ／ has ／「私には姉［妹］と兄［弟］がいます。姉［妹］
　　は今、朝食を食べています。兄［弟］は今、頭が痛くて寝ています」

語句 (2) take「〜を持っていく」／ umbrella「かさ」／ rain「雨が降る」／ outside「外で」
／ a lot「たくさん」／ June「６月」 (3) have a headache「頭痛がする」／ be in bed「寝て
いる」

(1) 接続の形から、1文目は Do と practice、もしくは Are と practicing の組み合わせになります。頻度の副詞 usually があるので、ふつうの現在形にします。現在形の **Do** と **practice** の組み合わせを選択します。do でたずねたら、**do** で答えます。

(2) A「かさを持っていきなさい」と命令する根拠が次の文に書いてあります。「今、外は雨が降っている」から、かさを持っていく必要があるのです。したがって、現在進行形の **is raining** を選びます。

B「日本では6月に雨が多い」という文は、6月になれば毎年くり返し雨がたくさん降る、ということを述べているので、ふつうの現在形の **rains** にします。

(3) have はいろいろな意味があるので、その意味ごとに動作を表しているか、状態を表しているか、考える必要があります。「～を持っている；(病気) にかかっている」の意味では**状態動詞**、「～を食べる；～を飲む」「(時) を過ごす」の意味では**動作動詞**です。「私には姉と兄がいます。姉は今、朝食を食べています。兄は今、頭が痛くて寝ています」という意味の文にします。

■ 練習問題 ❷ ◄

次の文を英語になおしなさい。

(1) 私は今、楽しい時を過ごしています。

(2) 私は毎週、塾 (a *juku*) に通っています。

(3) 私の両親は、新しい家をほしがっていません。

(4) あなたは今、何を見ていますか。

■ 解 答 ◄

(1) I'm[I am] having a good time (now).

(2) I go to a *juku* every week.

(3) My parents don't[do not] want a new house.

(4) What are you watching now? [What are you looking at now?]

■ 語句 ◄ (1) have a good time「楽しい時を過ごす」 (2) every week「毎週」

■ 解 説 ◄

(1)「楽しい時を過ごす」は have a good time といいます。この have は

動作動詞なので、現在進行形の文にできます。

(2) 日本語は(1)と同じ「〜しています」ですが、every week という**習慣を表す語**があるのでふつうの現在形の文で、現在進行形で書いてはいけません。

(3) want は**状態動詞**なので、進行形で書いてはいけません。⃞C の house には a をつけます。

(4) watch は**動作動詞**なので現在進行形の疑問文にできます。look を使う場合は at の前置詞が必要になりますよ。× What are you looking now ? にしてしまった人はいませんか？ 「〜を見る」についてはあとで詳しく説明しますね。

I am looking at that star.「私はあの星を見ているところです」
Are you   looking at ~~that star~~?「あなたはあの星を見ている
　　　　　　　　　　　　　　　　　　　　　ところですか」
- - - - - - - - - - - - - - - - - - ⃞What
whatに置き換えられるのは名詞の that star だけ。atは残る
⃞**What** **are you   looking at?** 「あなたは何を見ているところですか」

◆**進行形の文で使える「見る」と「聞く」の動詞**

「〜を見る」には see という一般動詞もあったかと思うのですが、**What are you seeing?** は何がいけないのでしょうか。

第**23**節 の最後の問題の What can you see in this picture? の解説のとき、「 第**24**節 でもう一度振り返ります」と予告したとおり、「見る」「聞く」を一覧表にします。

	「〜を見る」	「〜を聞く」
意図的＝動作動詞 進行形に<u>できる</u>	watch 〜 look at 〜	listen to 〜
自然に＝状態動詞 進行形に<u>できない</u>	see 〜	hear 〜

see / hear は**状態動詞**で、進行形にできない動詞です。「視力があるか

ら見えている」「聴力があるから聞こえている」という状態です。ですが、いくら視力がよくても、だまし絵みたいな絵で何が描いてあるのかわからないようなときに、「何が見える？」と聞いたり、聴力があっても周りの騒音にさえぎられて、「私の声、聞こえてる？」と聞いたりすることがあります。そのようなときにcanを用いて、What can you see in this picture? や、Can you hear me? のように、進行形のかわりに使います。see や hear は進行形にはできず can と相性がよいと覚えておきましょう。

　一方、look や listen は意図的に見たり聞いたりする場合に使います。watch は動いているものをじっくり見る場合に使います。watch TV は、「テレビ放送」を見るという意味です。

レッスン4　近い未来を表す現在進行形

　現在進行形は、「今まさにしている動作」以外に「近い未来」を表すこともできます。まず、下の例文を見てください。

確認しよう

・I'm coming. 「今、行くね」

　まず、comeという単語を使っているのに、「行く」という意味になるところから説明しないといけませんね。come は「話す人と聞く人の間の行き来」と考えればよいので、聞く人のほうに近づいて行くときは、go ではなく come を用います。たとえばお母さんが Dinner is ready. 「夕食ができたわよ」と言ったら、今からお母さんのほうに行こうとするわけですから、I'm coming. になるわけです。

◆comeとgoのイメージ

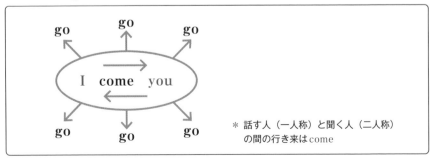

＊ 話す人（一人称）と聞く人（二人称）
　の間の行き来はcome

248

Dinner is ready. と言われてからcomeするわけですから、comeは
これからしようとすること、つまり**近い未来の行動**になります。このよう
に、**現在進行形**は、**近い未来**を表すことがあります。

往来発着、つまり、「行く」「来る」「出発する」「着く」にあたる動詞は、
現在進行形で用いると、ほぼ、近い未来の意味になります。「行く」や「来
る」という動作の完了に極めて近づいている、というイメージです。

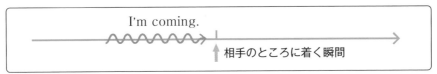

I'm coming.

↑ 相手のところに着く瞬間

これらと同じイメージで考えればわかると思いますが、次の文の意味は
何でしょうか？

・**He is dying.**

> **dying** の原形は **die**…「死ぬ」です。**ie** を **y** にかえて **ing**
> ですね。「死ぬ」の進行形…「彼は死んでいます」……あれ？
> 生き返るわけでもないので、「今だけ死んでいる」はおか
> しいですね。

「死ぬ」に極めて近づいている、ということです。つまりはどのような
状態でしょうか？

> 死にそう、死にかけている、ということですか？

そうです。He is dying.の意味は、「彼は死にかけています」です。つ
まり、「まだ生きている」ということですよ。近い未来において死ぬかも
しれない、という感じです。

He is dying.

↑ 死ぬ瞬間

第25節 He played tennis yesterday.
「彼は昨日テニスをしました」

■イントロダクション■

☑ 一般動詞の過去の文を作る ▶ 1
☑ 動詞の過去形の作り方を知る：規則動詞と不規則動詞 ▶ 1
☑ 過去を表す語句を知る ▶ 1
☑ 助動詞と時制の関係を知る ▶ 2
☑ 過去の文と現在の文を区別する ▶ 2

今回は、一般動詞の文の過去の表し方を学びます。

レッスン1 一般動詞の過去形

「僕はテニスをします」という文を「昨日」の内容で言いたい場合、「僕は昨日テニスをしました」と語尾を「た」にしますよね。英語も日本語同様、過去のことを表すときは、**動詞の過去形**を使います。

まず、現在の文と過去の文を比べてみましょう。

現在の文　He plays tennis. 「彼はテニスをします」

過去の文　He played tennis yesterday. 「彼は昨日、テニスをしました」

動詞がどう変わったのかわかりますか？

> 動詞の語尾が **-ed** になっています。

そうですね。**一般動詞は、後ろに-edをつけると過去形**になります。次に否定文と疑問文も見てください。

▶過去を表す文

ふつうの文　**He　　　played tennis yesterday.**
「彼は昨日、テニスをしました」

否定文　**He didn't play　tennis yesterday.**
▶動詞の前にdidn'tを置き、動詞を原形にする
「彼は昨日、テニスをしませんでした」

疑問文	Did he play tennis yesterday? ▶主語の前にDidを置き、動詞を原形にする 「彼は昨日、テニスをしましたか」	
	--Yes, he did. / No, he didn't. 「はい、しました」／「いいえ、しませんでした」	

なんだかもうわかりました！　否定文や疑問文に出てきている did が、もしかして例の助動詞ですか？

そのとおりです！　よく気づきましたね。didが過去を表す**助動詞**です。過去形も例の足し算で表現できます。playedが否定文や疑問文で、didと原形playに分かれるということは、played＝〈**did＋play**〉です。

一般動詞の現在形は主語によって（〈do＋一般動詞の原形〉と〈does＋一般動詞の原形〉）の2種類ありましたが、過去形は〈**did＋原形**〉の1種類です。主語がだれであっても、一般動詞の過去形は同じです。

英語のツボ(54)

●一般動詞の現在形は2つ、過去形は1つ♪

もう一度「助動詞の働き」を確認しておきましょう。

「**1つの文に助動詞は1つ♪**➡第23節 英語のツボ㊼」、「**助動詞の働き♪①時制（過去・現在）を表す♪②否定文・疑問文を作る♪（否定文→助動詞のあとにnotをつける／疑問文→助動詞を主語の前に出す／答え方→助動詞をくり返す）③動詞に意味をつけ加える♪**➡第23節 英語のツボ㊽」

つまり、一般動詞の場合、do / doesが現在を表す助動詞、didが過去を表す助動詞というわけです。

原形 (意味を表す)	現在形 【現在】を表す**助動詞**と 【意味】を表す**動詞の原形**の足し算	**過去形** 【過去】を表す**助動詞**と 【意味】を表す**動詞の原形**の足し算
play	play〈do ＋ play〉 ▶助動詞＋動詞の原形	played〈did ＋ play〉 ▶助動詞＋動詞の原形
	plays〈does ＋ play〉 ▶助動詞　＋動詞の原形	

- 一般動詞の現在形＝〈do[does] ＋原形〉♪
- 一般動詞の過去形＝〈did ＋原形〉♪

　-es のつけ方や -ing のつけ方を学んできたので、だいぶ予想がつくようになっているかと思いますが、動詞の -ed のつけ方を表にしておきます。

◆一般動詞の -ed のつけ方

1	ふつうは、語尾にそのまま ed をつける	例 play「〔球技・演奏〕をする」 ⇒ played
2	-e で終わる語 ⇒ -d だけをつける	例 live「住む」 ⇒ lived
3	〈子音字＋ -y〉で終わる語 ⇒ -y を -i に変えて -ed をつける	例 study「〜を勉強する」 ⇒ studied
4	〈アクセントのある短母音＋子音字〉で終わる語 ⇒ 子音字（最後の文字）を重ねて-ed をつける	例 stop「止まる」 ⇒ stopped

▶子音字：aiueo 以外の文字　▶短母音：短く発音する母音字

◆不規則動詞

　名詞の複数形の場合、名詞の語尾に"-s"をつけるのがふつうでしたが、man-men や child-children のような不規則な形の複数形がありましたね。同じように、一般動詞の過去形も、不規則な形のものがあります。

　語尾に -ed をつけて過去形になるものを規則動詞、そうでないものを不規則動詞といいます。規則動詞と不規則動詞の見分け方は、残念ながらありません。比較的よく用いる動詞ほど不規則動詞なので、一つひとつコツコツと覚えてください。不規則動詞も〈did ＋動詞の原形〉ということは変わりません。

◆主な不規則動詞

- go「行く」⇒　went
- come「来る」⇒　came
- make「〜を作る」⇒　made
- get「〜を得る」⇒　got
- read「〜を読む」⇒　read
- speak「〜を話す」⇒　spoke

・teach「～を教える」⇒ taught ・buy「～を買う」⇒ bought
・have「～を持つ」⇒ had ・give「～を与える」⇒ gave
・say「～を言う」⇒ said ・see「～を見る」⇒ saw
・do「～をする」⇒ did ・run「走る」⇒ ran

不規則動詞も過去形の文の作り方はまったく同じです。過去の文にするには動詞を過去形に、**否定文は〈主語＋<u>didn't</u>[did not]＋動詞の原形 ～ .〉**、疑問文は〈**Did＋主語＋動詞の原形 ～ ?**〉で表します。

確認しよう

He　　　got up at six yesterday.「彼は昨日6時に起きました」
He didn't get up at six yesterday.「彼は昨日6時に起きませんでした」
Did he　　　get up at six yesterday?「彼は昨日6時に起きましたか」
---Yes, he did. / No, he didn't.
「はい、6時に起きました」「いいえ、6時に起きませんでした」

◆**過去を表す語句**

過去を表す表現のうち、よく出る語句を覚えましょう。

• **yesterday**「昨日」
• **last ～**「(今に一番近い) この前の～」
　例 **last week**「先週」／ **last Monday**「この前の月曜日」
▶ every ～、this ～、のときと同様、last ～の前には前置詞をつけません。
• **～ ago**「(今から) ～前に」
　例 **three days ago**「3日前に」／ **five years ago**「5年前に」
▶ morning など、1日の時間帯を表す語は、yesterday、もしくはlastと共に用います。
　例 yesterday morning「昨日の朝」

	morning	afternoon	evening	night
yesterday	○	○	○	×
last	×	×	×	○

▶ nightはlastとだけ用います。「午前」「午後」のようにいうときも、in the morning [afternoon / evening]、at nightとnightだけ特別です。

次の英文を、[　　]内の指示にしたがって書きかえなさい。

(1) I study English <u>every day</u>. [下線部を yesterday にかえて]

(2) He goes to the park <u>every Sunday</u>.
　　[下線部を last Sunday にかえて]

(3) They don't use this room. [文末に three days ago を加えて]

(4) Does he do his homework?
　　[文末に yesterday evening を加えて]

(5) Did you come to school by bike? [現在の文に]

(6) Ken didn't want this sweater. [現在の文に]

(7) My father cooked dinner. [現在の文に]

■ 解答 ▶

(1) I studied English yesterday. ／「私は昨日英語を勉強しました」

(2) He went to the park last Sunday. ／
　　「彼はこの前の日曜日、公園へ行きました」

(3) They didn't use this room three days ago. ／
　　「彼らは3日前に、この部屋を使いませんでした」

(4) Did he do his homework yesterday evening? ／
　　「彼は昨日の夕方宿題をしましたか」

(5) Do you come to school by bike? ／
　　「あなたは自転車で学校へ来ますか」

(6) Ken doesn't want this sweater. ／
　　「ケンはこのセーターをほしがっていません」

(7) My father cooks dinner. ／「父は夕食を料理します」

■ 語句 ▶ (6) sweater「セーター」

■ 解説 ▶

(1) 現在形の study を過去形 studied にします。

(2) go は不規則動詞です。過去形は went です。

(3) 現在を表す**助動詞 do** を、過去を表す**助動詞 did** にします。一般動詞
　　の原形 use は変わりません。

(4) 現在を表す**助動詞 Does** を、過去を表す**助動詞 Did** にします。一般動
　　詞の原形 do は変わりません。

(5) 過去を表す**助動詞 Did** を、現在を表す**助動詞 Do** にします。一般動詞の原形 come は変わりません。過去の文から現在の文に変えるときは、主語を見て、助動詞が do か does か区別しましょう。

(6) 過去を表す**助動詞 did** を、現在を表す**助動詞 does** にします。主語が三人称単数なので、現在を表す助動詞は does ですね。一般動詞の原形 want は変わりません。

(7) 主語が三人称単数なので、過去を表す**助動詞 did** を、現在を表す**助動詞 does** にします。does と原形 cook を足し算し、現在形の cooks にします。現在形にするということは、ただ、-ed を取ることではありません。現在形は 2 つあったことを忘れないでください「**一般動詞の現在形は 2 つ、過去形は 1 つ♪ ➡ 英語の ツボ㉞**」。

レッスン 2 　助動詞と時制

　練習問題 の問題(7)の解説を補足しながら、助動詞と時制についてもう少し説明しておきますね。

　(7)のような問題でよく見かけるまちがいは、× My father cooking dinner. という答えです。現在進行形のあとに過去形を学ぶことが多いので、-ing のイメージが強く残ってしまい、このようなまちがいをするのだと思います。**第24節** をしっかり理解していれば、この英文がダメな理由が説明できますね。

> **cooking は現在形ではないからです。**

　そのとおりです。とてもシンプルな答えですね。

　「**動詞には時制を表す形と、時制がなく他の品詞になる形がある♪ ➡ 第24節 英語の ツボ㊴**」でした！　-ing 形だけでは時制がわかりません。だから、現在進行形にするには、現在形の am / are / is が必要なのです。

　「**1 つの文に助動詞は 1 つ♪ ➡ 第23節 英語の ツボ㊼**」ということは、言葉をかえると、「**1 つの文に、時制のわかるものが 1 つ必要♪**」ということです。My father cooking dinner. には時制のわかる部分がありません。My father cooks dinner. は、cooks ＝〈does ＋ cook〉の does の部

分で時制がわかります。

　「過去」が導入され「現在」と区別することによって、「時制」を意識する必要がでてきました。「動詞は時制を表す」と理解してみてください。

> 動詞は、動作や状態を表しているのではないのですか？

　「動詞」という言葉が混乱のもとなのですが、「動詞」は2つの意味で使われています。1つは品詞としての動詞です。「名詞・形容詞・副詞・前置詞・動詞」というときの動詞です。品詞としての動詞の働きは、「動作や状態を表す」でかまいません。

　もう1つは文の要素としての動詞です。「要素って何？」と質問がきそうですが、「主語・動詞・目的語・補語」というときの「動詞」のことをいいます。日本語の「述語」の意味で使っている「動詞」のことです。この「動詞」の働きが「時制を表す」です。

英語の ツボ㊶
●動詞は時制を表す♪

主語	動詞（＝述語）		目的語
	→ 【時制】を表している		
	is	+ playing	
He	※does	+ play	tennis.
	※did	+ play	
	can	+ play	
	↑本当に時制を表しているここを助動詞と呼ぶ。		

▶ 「助動詞」は疑問文で主語の前に出る語、否定文でnotをつける語のこと。
※ 〈does＋play〉＝plays、〈did＋play〉＝playedのこと。

　第24節で、be動詞を助動詞と考えた場合、「いっしょに用いる動詞の語形をまちがえないで！」と言いましたね。足し算で表現されている部分全体を、「述語」の意味で用いている「動詞」と考え、その中で本当に時制を表している部分が「**助動詞**」です。少しスッキリしましたか？

　では、時制に関連させて、過去の文の例題をやってみましょう。

例題

次の英文を、[　　　]内の指示にしたがって書きかえなさい。

She read this comic book. ［疑問文にして No で答える］

解答

Did she read this comic book? ---No, she <u>didn't</u>[did not].

解説

> この文の時制は何ですか？　read は過去形も read です
> よね…過去を表す語がないから現在形ですか？

さきほど説明したことをもう一度よく確認してください。時制を表すのはどこでしたか？

> わかっています、動詞です。でも、その動詞が read で、
> 現在形と過去形が同じだから困っているのです！

現在形と過去形が同じなのではなく、原形と過去形の形が同じなだけですよ。「一般動詞の現在形は2つ、過去形は1つ♪ ➡ **英語の ツボ㊞**」を思い出してください！　read だと現在形は何と何ですか？

> read と reads です。あっ、そうか！　主語を見ればわ
> かります！　主語が三人称単数なのに動詞に "-s" がつい
> てないということは、この read は過去形ですね‼

そのとおりです。「動詞は時制を表す♪ ➡ **英語の ツボ㊞**」というのは、ただ動詞だけ見ればよいということではありません。2つある現在形は主語によって使い分けるのですから、しっかり主語を見てくださいね。

過去形とわかったので、その文を過去の疑問文にしましょう。疑問文の作り方は今までと同じです。助動詞 did を主語 she の前に置き、did を使って答えます。

次の英文を、[　　　]内の指示にしたがって書きかえなさい。

(1) I made this cake yesterday. [否定文に]

(2) Ken's brother got up early this morning.
　　[疑問文にして Yes で答える]

解 答

(1) I <u>didn't</u>[did not] make this cake yesterday. ／
　　「私は昨日このケーキを作りませんでした」

(2) Did Ken's brother get up early this morning? Yes, he did. ／
　　「ケンのお兄さん [弟さん] は今朝早く起きましたか」
　　「はい、起きました」

語句 (1) cake「ケーキ」／ yesterday「昨日」

解 説

(1) made と make のように、原形と形が似ている**不規則動詞**（子音や母音が 1 文字ちがっているだけのもの）は、didn't のあとが本当に原形にできたかどうか確認しましょう。

(2) got は get の過去形です。過去の文の疑問文は<u>助動詞 did を主語の前に置き〈Did ＋主語＋動詞の原形 ～?〉</u>で表します。答えるときは Ken's brother を代名詞 he にして did を使います。
　　次の問題は、「現在の文」と「過去の文」の使い分けが<u>重要</u>です。

練習問題 ❷

次の英文の (　　　) 内から適当な語を選びなさい。

(1) A: (Does, Did) Emi visit Hokkaido last spring?
　　B: Yes, she (visits, visited) Hokkaido every spring. Her grandparents live there.

(2) A: (Do, Did) you usually run in the park in the morning?
　　B: Yes, but I (don't, didn't) run in the park yesterday morning.　I (run, ran) along the river and (see, saw) beautiful flowers.

(3) I (practice, practiced) *judo* after school every day last year, but I (don't, didn't) this year.

解答

(1) Did ／ visits ／「エミは去年の春北海道を訪れましたか」「はい、彼女は毎春北海道を訪れます。彼女の祖父母がそこに住んでいます」

(2) Do ／ didn't ／ ran ／ saw ／「朝はたいてい公園を走るのですか」「はい、そうですが、昨日の朝は公園を走らず、川沿いを走ってきれいな花を見ました」

(3) practiced ／ don't ／「私は去年は毎日放課後に柔道を練習しましたが、今年はしていません」

語句 (1) visit「〜を訪れる」／ last spring「この前の春」／ there「そこに」　(2) along the river「川沿いに」／ beautiful「美しい」／ flower「花」　(3) last year「去年」／ this year「今年」

解説

(1) A last spring より過去の文だとわかるので、**Did** を選びます。

B 答えの文は、あくまでも文脈判断です。「おじいさんおばあさんが北海道に住んでいるから毎年春に北海道に行く」つまり、北海道に行くことが現在の習慣になっているので現在形 **visits** を選びます。

(2) A 問いの文の時制はやはり文脈から判断します。

B 答えの文は、yesterday morning から過去の文だと判断できるので **didn't** を選ぶと、昨日の朝だけ現在の習慣とはちがう行動をとったことがわかります。したがって、問いの文の時制は現在で **Do** を選びます。答えの文の続きは、昨日の朝だけ行った現在の習慣と異なった行動を具体的に答えているので、どちらも過去形の **ran, saw** を選びます。

(3) (1)の答えの文、(2)の問いの文の答えが、あくまでも文脈で決まる、といったのは、「usually や every があれば現在形」と思っている人がいるからです。「usually や every を現在進行形の文で使わない→ usually や every はふつうの現在形の文で使う→ usually や every があれば現在形」こんなふうに思い込むパターンです。usually や every は頻度を表しているだけです。だから習慣の意味になります、といっているだけです。去年は毎日やっていたけれど、今年はやらなくなったこと、みんなもあるでしょう？　それが(3)です。「時」を表すのは every day ではなく last year です。「頻度」と「時」は別物です。ご注意ください。**practiced, don't** が答えです。

●頻度を表す語で時制は決まらない♪

チャレンジ問題

次の文を英語になおしなさい。

(1) 1時間前に、1台の車が図書館の前に止まりました。

(2) 先週の水曜日、私はあの店でこのかばんを買いました。

(3) 今朝、雪がたくさん降りました。

(4) A：昨日の朝、だれがこの部屋をそうじしたのですか。

　　B：私です。

解答

(1) A car stopped in front of the library an hour ago.

(2) I bought this bag at that store[shop] last Wednesday.

(3) It snowed a lot this morning.

(4) Who cleaned this room yesterday morning? ---I did.

語句 (1) stop「止まる」／ in front of「〜の前に」／ an hour ago「1時間前」 (2) shop/ store「店」 (3) snow「雪が降る」

解説

(1) 主語は「1台の車」で a car、動詞は「止まりました」で stopped です。正しい過去形にできましたか？ p が1つ増えますよ。「止まる」の意味では stop は⾃なので、あとに修飾語が続きます。「図書館の前に」は〈前置詞＋名詞〉で in front of the library です。library は Ⓒ なので、the をつけましょう。「1時間前」は an hour ago です。hour は h を発音せず、母音から始まるので、冠詞は a ではなく an になります。

(2) 〈主語＋動詞＋目的語〉まで書けますか？ buy は不規則動詞で過去形は bought です。不規則動詞で、ought になるもの (buy-bought, bring-brought など) と aught になるもの (teach-taught, catch-caught など) がありますが、原形に a を含んでいるものが aught になるようです。「あの店で」は〈前置詞＋名詞〉で at that store[shop] です。「先週の水曜日」は last Wednesday です。「先週」は last week なので、

last week Wednesday と書く人がいますが、last は形容詞なのであとにくる名詞は1つだけです。last は「今にいちばん近い前の～」という意味ですから、last Wednesday は「今に一番近い前の水曜日」で、これを「先週の水曜日」と呼んでいるだけです。

(3) 第21節 で学んだ天候表現を思い出しましょう。It を主語に、「雪が降る」という 自 snow を用いて書きます。「たくさん」は a lot という副詞を用います。「今朝」は this morning です。「昨日の朝」が yesterday morning なので、「今朝」は today morning と書く人が多いのですが、「今」と書いてあるときの表現は必ず this を使う、と覚えてください。「今朝」は this morning です。時を表す語に every / this / last がついたら、前置詞は書いてはいけません。

(4) A 疑問詞が主語のときは、そのまま動詞が続きました ➡ 第13節 。Who cleaned this room yesterday morning? が問いの文です。
B 答えは、問いと答えの対応を考えると、I did. になりますね。clean が 他 だったことも思い出しておきましょう。

He was playing tennis at that time.
「彼はそのときテニスをしているところでした」

■■ **イントロダクション** ■■

☑ be 動詞の過去形を知る ▶ 1

☑ be 動詞の過去の文を作る ▶ 1

☑ 過去進行形の文を作る ▶ 2

☑ 過去の文と過去進行形の文のちがいを理解する ▶ 2

今回は be 動詞の過去の表し方を学びます。

レッスン 1　be 動詞の過去形

現在形の be 動詞は am / are / is の 3 つでしたが、**過去形の be 動詞**は was / were の 2 つです。am と is が was, are が were になります。

◆ be 動詞の現在形と過去形

現在形	過去形
am	was
is	
are	were

確認しよう

・I was home three days ago. 「3 日前、僕は家にいました」

・They were in Osaka yesterday. 「昨日、彼らは大阪にいました」

▶過去形の be 動詞は、I'm などのように主語と合わせて短縮することはできません。

否定文や疑問文の作り方も、am, are, is と同じで**否定文は**〈主語＋ was,were ＋ not ＋〜 .〉、疑問文は〈was,were ＋主語〜 ?〉で表します。

確認しよう

▶ be 動詞の過去の文

否定文　He wasn't busy last week. 「先週、彼は忙しくありませんでした」

疑問文　Were you an elementary school student last year?
　　　　「去年あなたは小学生でしたか」

答え　--Yes, I was. 「はい、そうでした」

　　　--No, I wasn't. 「いいえ、そうではありませんでした」

▶ was not / were notはそれぞれwasn't / weren'tと短縮できます。

　be動詞の意味が2つあったことを説明しましたね➡ 第18節 。動詞の意味は、動詞のあとの品詞によって決まりました。

> ①**イコールの意味**：be動詞のあとは、**名詞もしくは形容詞**
> ②**存在の意味**　　：be動詞のあとは、**副詞もしくは〈前置詞＋名詞〉**

　以上の例文が、それぞれどちらの意味になるのか、be動詞のあとの品詞を確認しておきましょう。

練習問題

次の英文を、[　　]内の指示にしたがって書きかえなさい。

(1) I am a soccer fan. [文末に two years ago を加えて]

(2) We are at the station. [文末に yesterday afternoon を加えて]

(3) My sister was happy. [現在の文に]

(4) They were sick in bed. [否定文に]

(5) I was <u>in Kobe</u> last Sunday. [下線部が答えの中心になる疑問文に]

解答

(1) I was a soccer fan two years ago. ／
　「私は2年前サッカーファンでした」

(2) We were at the station yesterday afternoon. ／
　「私たちは昨日の午後駅にいました」

(3) My sister is happy. ／「私の姉 [妹] は幸せです」

(4) They weren't[were not] sick in bed. ／
　「彼らは病気で寝ていませんでした」

(5) Where were you last Sunday? ／
　「あなたは先週の日曜日どこにいましたか」

語句　(2) station「駅」　(3) happy「幸せな」　(4) sick「病気の」

⑴ am の過去形は was です。

⑵ are の過去形は were です。

⑶ was を現在形 is にします。

⑷ be 動詞 were のあとに not を置き、were not[weren't] とします。

⑸ I で答えるため、問いの文の主語は you にします。それによって過去
の be 動詞 was を were にします。

レッスン2 過去進行形

第24節 で現在進行形を学びましたが、過去進行形の文では、動詞の形
がどうなるか想像できますか？

現在進行形が〈現在形の be 動詞［am ／ are ／ is］＋動
詞の -ing 形〉でしたので、過去進行形は、〈過去形の be
動詞〔was ／ were〕＋動詞の -ing 形〉ですか？

すばらしい！　現在進行形は、am ／ are ／ is が現在の時制を表してい
ましたね。だから、それらを過去形の was ／ were にすれば、過去進行形
になります。現在進行形が現在進行中の動作を表しますから、過去進行形
は、**過去のある時点での進行中の動作**を表します。

確認しよう

▶**過去進行形の文**

〈was ／ were ＋動詞の -ing 形〉で表す。

現在進行形

・He is　　playing tennis now.　「彼は今、テニスをしています」

過去進行形

・He was playing tennis then.　「彼はそのとき、テニスをしていました」

▶then は「そのとき」という副詞です。これを〈前置詞＋名詞〉で書き換えると、
at that time になります。

なんとなく理解できますが、進行形は時制の名前なのですか？

　そうではないのです。時制は厳密にいうと2つしかありません。現在と過去です。これに未来を加えるかどうかは、議論の分かれるところかもしれませんが、2年生になって未来の表し方を説明するときに話します。現在進行形は現在時制のうちの1つの表現であり、過去進行形は過去時制のうちの1つの表現です。

　「現在」というフォルダーの中に、ふつうの現在形と現在進行形が、「過去」というフォルダーの中にふつうの過去形と過去進行形が入っていると思ってください。3年生のはじめに、もう1つ現在時制の表現が加わります。そのときに、もう少し詳しく「現在」というフォルダーの中に入っているいくつかの表現の関係を話します。

　「進行形」というと、勝手に「現在進行形」だと決めつけている人がいますが、「進行形」には「現在進行形」と「過去進行形」がありますからね。

練習問題 ❶

次の英文を進行形の文に書きかえなさい。

(1) I write to my grandmother.

(2) He read the letter.

(3) They didn't swim in the river.

(4) Did the cat lie under the chair?

(5) What did you do in your room?

解答

(1) I am[I'm] writing to my grandmother. ／
　　「私は祖母に手紙を書いているところです」

(2) He was reading the letter. ／
　　「彼はその手紙を読んでいるところでした」

(3) They weren't[were not] swimming in the river. ／
　　「彼らはその川で泳いでいるところではありませんでした」

(4) Was the cat lying under the chair? ／

「そのネコはいすの下で横たわっているところでしたか」

(5) What were you doing in your room? ／
「あなたは部屋で何をしているところでしたか」

▌解説▐

　進行形の文に書き換えるときは、もとの文の時制に合わせます。正しく、am / are / is / was / were を使い分けましょう。進行形は be 動詞の文ですから、否定文・疑問文で do / does / did は用いませんよ!　もしも -ing のつけ方が不安な人は 第24節 を振り返ってみてください。

(1) 現在の文で主語が I なので am を用います。

(2) 時制が過去だとわかりましたか?　見抜けなかった人は 第25節 を復習しましょう。

(3) 過去の文で、主語が they なので weren't[were not] を用います。

(4) 過去の文で、主語が the cat という三人称単数なので was を用います。

(5) 過去の文で、主語が you なので were を用います。

　次に、一般動詞と be 動詞が使い分けられているか、現在と過去が使い分けられているかを確認しておきましょう。

▌練習問題 ❷▐

次の英文の(　　　)内に適当な語を書きなさい。

(1) A: (　　　　　) you studying English in your room at this time yesterday?

B: No, I (　　　　) doing my homework at Ken's house.

(2) A: How many fish (　　　) you catch?

B: Six.　I ate them with my parents for dinner.

(3) A: (　　　) you hungry?

B: No.　I (　　　) a big lunch an hour ago, so I'm full.

▌解答▐

(1) Were / was ／「昨日の今ごろ部屋で英語を勉強していましたか」
「いいえ、私はケンの家で宿題をしていました」

(2) did ／「何匹の魚を捕まえましたか」
「6匹です。夕食に両親といっしょにそれらを食べました」

(3) Are / had[ate] ／「おなかがすいていますか」「いいえ。私は1時間前
にお昼をたくさん食べたので、おなかがいっぱいです」

語句 (2) fish「魚」／ catch「〜を捕まえる」 (3) hungry「おなかがすいた」／ full「おな
かがいっぱいの」

解説

　問いの文は、すべて、「使うべき助動詞は何か」が問われています。
第24節で説明した、助動詞と動詞の接続の形を思い出しましょう。過去
の場合を加えてもう一度まとめます。

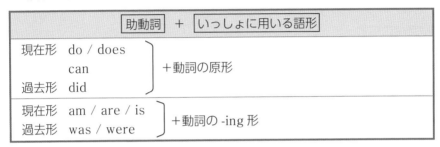

助動詞	＋	いっしょに用いる語形

現在形	do / does	
	can	＋動詞の原形
過去形	did	
現在形	am / are / is	
過去形	was / were	＋動詞の -ing 形

　さらに、**第6節**、**第13節**で、be 動詞の文と一般動詞の区別のしかたを説
明しました。主語のすぐ右側の単語の**品詞**を確認することが大事でしたね。
(1)A -ing 形と接続するのは be 動詞です。at this time yesterday（昨
日の今ごろ）より、時制は**過去**だとわかります。
　B 昨日の今ごろ、実際にやっていたことを説明しています。答えの文
も問いと同様に、過去進行形になります。主語が you から I に変わっ
たので、過去の be 動詞も were から **was** になります。
(2)動詞の原形（catch）に接続するのは、do / does / did です。6匹の
魚が ate の目的語 them になっています。過去に魚を食べたわけです
から、その魚を捕まえたのは、やはり過去のことです。
(3)A hungry は「おなかがすいている」という**形容詞**です。なので、be
動詞の文になります。答えで「1時間前にたくさん昼食を（　　）から、
今おなかがいっぱいである」と答えているので、現在の文でたずねます。
　B 文脈から、「〜を食べる」にあたる動詞を過去形で用います。

今回は「第○章をもう一度見直すように」という解説が
多いですね。

英語は積み重ねの教科です。前に学んだことがわかっていれば、知識はすぐに積み上がります。わかっていなければ、逆ですね。先に進むことより、十分に復習するほうが早道です。私の中では、 **第8節** までで英語の全体像がうっすらとわかり、疑問詞をマスターできたらほぼ1年生のミッションは終わりだと思っています。

　現在形のことがわかれば、過去をマスターするのは簡単です。2年生、3年生になって新たに学ぶ概念は、ほんの少ししかありません。ですので、1年生の勉強がもっとも大切です。何度も何度も **英語の** **ツボ** を中心に復習してください。

▶チャレンジ問題◀

次の文を英語になおしなさい。

(1) A：あなたは昨日の午後、どこにいましたか。
　　B：図書館にいました。
(2) A：あなたのお姉さんは、そのとき何をしていましたか。
　　B：自分の部屋で、友だちとラジオで音楽を聞いていました。
(3) 私は昨日の午後5時にトムに電話しました。そのとき彼は、お風呂に入っていました。

▌解答◀

(1) Where were you yesterday afternoon? ---I was in the library.
(2) What was your sister doing <u>at that time</u>[then]?
　　---She was listening to music on the radio with her friend in her room.
(3) I called Tom at five yesterday afternoon. He was taking a bath <u>at that time</u>[then].

◖語句◗ (2) music「音楽」／ radio「ラジオ」 (3) take a bath「お風呂に入る」

▌解説◀

(1) A「～にいた」は were です。did を使っていませんか？　did を用いたら、必ずあとに動詞の原形が必要です。 **第25節** で説明していますよ。
　　B where は疑問副詞です。答えは〈前置詞＋名詞〉で対応します。in が書けましたか？　in がないと、He was the library. とおかしな文になってしまいますよ！　疑問副詞 where は **第18節** で扱っています。

in が書けなかった人は復習をしてください。

(2) A 過去の be 動詞と動詞の -ing 形の組み合わせの文にします。作文は
いろいろなことに気をつけなければいけないので、語形がおろそかに
なりがちです。接続の形をしっかり思い出してください。

　B listen to ～「～を聞く」の to が書けましたか？　そのあとは〈前置
詞＋名詞〉のくり返しです。前置詞のあとは必ず名詞が1つでしたね。
〈前置詞＋名詞〉が複数あるとき、その順番は特にルールはありません。

(3)「電話をした」「お風呂に入っていた」どちらも昨日の午後5時のことな
ので過去形で書きますが、「電話をした」はふつうの過去形、「お風呂に
入っていた」は過去進行形です。これらを区別することがポイントです。
相手に電話をかけるのにどれくらいの時間がかかりますか？

> スマホを開いてボタンを押すだけだから、あっという間で
> す。5秒くらいですか？

そうですよね。では、お風呂はどれくらいの時間がかかりますか？

> 私は長風呂なので、1時間くらい入っています。

お風呂は時間がかかりますね。このように、あっという間に終わること
は過去形、時間がかかることは過去進行形で表現します。あっという間に
終わることは、5時に起こった出来事として考えられますが、時間がかか
ることは、5時という点を決めたときに、そのとき進行中だった、つまり
それ以前から始まりそれ以降も続くということです。それが進行形です。

call は他です。Tom の前に前置詞を置いてはいけません。時刻につく
前置詞は at でした。

本文語句のリスニング

赤シートも使って正しく音読しよう！

- 本文中に出てきた語句がまとめられています。
- 日本語と英語の音声が収録されています。
- 音声ダウンロード方法はp.9に書かれています。

第0節 アルファベット・単語 MP3 01

① □ペン	□pen	⑬ □バイオリン	□violin
② □鉛筆	□pencil	⑭ □日本	□Japan
③ □つくえ	□desk	⑮ □アメリカ	□America
④ □テーブル	□table	⑯ □イギリス	□England
⑤ □車	□car	⑰ □中国	□China
⑥ □自転車	□bike	⑱ □英語	□English
⑦ □バス	□bus	⑲ □数学	□math
⑧ □オレンジ	□orange	⑳ □理科	□science
⑨ □リンゴ	□apple	㉑ □音楽	□music
⑩ □卵	□egg	㉒ □野球	□baseball
⑪ □ピアノ	□piano	㉓ □テニス	□tennis
⑫ □ギター	□guitar	㉔ □サッカー	□soccer

第1節 This is ～ . の文 MP3 02

① □中国	□China	⑩ □アリ	□ant
② □鉛筆	□pencil	⑪ □バイオリン	□violin
③ □卵	□egg	⑫ □かさ	□umbrella
④ □つくえ	□desk	⑬ □カナダ	□Canada
⑤ □リンゴ	□apple	⑭ □いす	□chair
⑥ □アメリカ	□America	⑮ □日本	□Japan
⑦ □ピアノ	□piano	⑯ □自転車	□bike
⑧ □消しゴム	□eraser	⑰ □オレンジ	□orange
⑨ □車	□car		

第2節 **所有格の代名詞**　MP3 03

①	□〜さん（男性につける称号）	□Mr.	⑥ □名前	□name
②	□かばん	□bag	⑦ □本	□book
③	□父	□father	⑧ □卵	□egg
④	□姉（妹）	□sister	⑨ □ノート	□notebook
⑤	□ギター	□guitar	⑩ □兄（弟）	□brother

第3節 **形容詞**　MP3 04

①	□ギター	□guitar	⑪ □アメリカの	□American
②	□テーブル	□table	⑫ □おもしろい	□interesting
③	□大きい	□big	⑬ □きょうだい（兄・弟）	□brother
④	□白い	□white	⑭ □自転車	□bike
⑤	□ネコ	□cat	⑮ □簡単な	□easy
⑥	□コップ	□glass	⑯ □問題	□question
⑦	□小さい	□small	⑰ □背の高い	□tall
⑧	□きれいな	□beautiful	⑱ □男の人	□man
⑨	□古い	□old	⑲ □数学（の）	□math
⑩	□本	□book	⑳ □先生	□teacher

第4節 三人称の主格の代名詞　　MP3 05

① □ 父親	□ father	⑮ □ 女の人	□ woman
② □ 車	□ car	⑯ □ バス	□ bus
③ □ 男の人	□ man	⑰ □ ルーシー[女性の名前]	□ Lucy
④ □ 医者	□ doctor	⑱ □ 自転車	□ bike
⑤ □ 女の子	□ girl	⑲ □ 男の子	□ boy
⑥ □ マイク[男性の名前]	□ Mike	⑳ □ きょうだい（兄・弟）	□ brother
⑦ □ しまい（姉・妹）	□ sister	㉑ □ 名前	□ name
⑧ □ 友達	□ friend	㉒ □ 新しい	□ new
⑨ □ 先生	□ teacher	㉓ □ 古い	□ old
⑩ □ 若い	□ young	㉔ □ おじ	□ uncle
⑪ □ 英語の先生	□ English teacher	㉕ □ 医者	□ doctor
⑫ □ グリーン氏	□ Mr.Green	㉖ □ 科学者	□ scientist
⑬ □ エミリー[女性の名前]	□ Emily	㉗ □ 背が高い	□ tall
⑭ □ おば	□ aunt	㉘ □ 理科	□ science

第5節 一人称・二人称の主格の代名詞　　MP3 06

① □ 先生	□ teacher	⑫ □ よい	□ good
② □ 父親	□ father	⑬ □ 音楽家	□ musician
③ □ 学生	□ student	⑭ □ 母親；お母さん	□ mother
④ □ コンピュータ	□ computer	⑮ □ 英語(の)	□ English
⑤ □ すてきな；よい	□ nice	⑯ □ アメリカ	□ America
⑥ □ 野球	□ baseball	⑰ □ おじさん	□ uncle
⑦ □ 選手	□ player	⑱ □ サッカー	□ soccer
⑧ □ テニス	□ tennis	⑲ □ むすこ	□ son
⑨ □ 若い	□ young	⑳ □ バイオリン	□ violin
⑩ □ ファン	□ fan	㉑ □ 小さい	□ small
⑪ □ 女の人	□ woman		

第6節 一般動詞の文　MP3 07

①	□〜を知っている	□know	⑯	□中国	□China
②	□〜も	□too	⑰	□〜を食べる	□eat
③	□〜を話す	□speak	⑱	□朝食	□breakfast
④	□フランス語	□French	⑲	□〜をそうじする	□clean
⑤	□上手に	□well	⑳	□日曜日に	□on Sunday
⑥	□〜を勉強する	□study	㉑	□上手なテニス選手	□a good tennis player
⑦	□〜をする	□play	㉒	□理科	□science
⑧	□サッカー	□soccer	㉓	□人気のある	□popular
⑨	□放課後に	□after school	㉔	□クラス	□class
⑩	□手に	□in my hand	㉕	□バスケットボール	□basketball
⑪	□〜を見る	□watch	㉖	□ファン	□fan
⑫	□テレビ	□TV	㉗	□英語(の)	□English
⑬	□〜が好きだ	□like	㉘	□〜を教える	□teach
⑭	□音楽	□music	㉙	□教師	□teacher
⑮	□とても	□very much			

第7節 疑問詞を使った一般動詞の疑問文　MP3 08

①	□〜を手伝う	□help	⑭	□〜の前に	□before
②	□〜を食べる	□eat	⑮	□授業	□school
③	□パン	□bread	⑯	□〜を読む	□read
④	□朝食に	□for breakfast	⑰	□本	□book
⑤	□毎日	□every day	⑱	□教科	□subject
⑥	□たいてい	□usually	⑲	□〜を勉強する	□study
⑦	□日曜日に	□on Sunday	⑳	□スポーツ	□sport
⑧	□〜をそうじする	□clean	㉑	□放課後	□after school
⑨	□部屋	□room	㉒	□昼食	□lunch
⑩	□〜のあとに	□after	㉓	□月曜日	□Monday
⑪	□夕食	□dinner	㉔	□かばん	□bag
⑫	□〜を見る	□watch	㉕	□マンガ本	□a comic book
⑬	□テレビ	□TV			

第8節 他動詞と自動詞 MP3 09

① □学校へ行く　□go to school
② □自転車で　□by bike
③ □帰宅する　□come home
④ □〜に滞在する　□stay in 〜
⑤ □住む　□live
⑥ □行く　□go

⑦ □毎年　□every year
⑧ □来る　□come
⑨ □学校　□school
⑩ □〜を置いている　□have
⑪ □部屋　□room

第9節 選択肢を与える疑問文 MP3 10

① □医者　□doctor
② □若い　□young

③ □年をとっている　□old
④ □おもしろい　□interesting

第10節 定冠詞 the MP3 11

① □友達　□friend
② □色　□color

③ □それの　□〜 of it

第11節 名詞の複数形 MP3 12

① □〜がほしい　□want
② □〜が必要である　□need
③ □ノート　□notebook
④ □オレンジ　□orange
⑤ □フランス語　□French

⑥ □歌　□song
⑦ □英和辞典　□English-Japanese dictionary
⑧ □右手　□right hand
⑨ □〜を見る　□see
⑩ □絵　□picture

第12節 主語が複数の文 MP3 13

①	□音楽家	□musician
②	□技術者	□engineer
③	□有名な	□famous
④	□帽子	□cap
⑤	□ファン	□fan
⑥	□親友	□good friend
⑦	□皿	□dish
⑧	□国	□country
⑨	□広い	□large
⑩	□いす	□chair
⑪	□イタリアの	□Italian
⑫	□レストラン	□restaurant
⑬	□コンピュータ	□computer
⑭	□古い	□old
⑮	□だから	□so
⑯	□〜がほしい	□want
⑰	□新しい	□new
⑱	□少年	□boy
⑲	□絵	□picture

第13節 主語が三人称単数の一般動詞の文 MP3 14

①	□とても	□very much
②	□〜と…	□and
③	□一生懸命に	□hard
④	□毎日	□every day
⑤	□図書館	□library
⑥	□毎〜	□every
⑦	□コンピュータ	□computer
⑧	□テレビを見る	□watch TV
⑨	□夕食後に	□after dinner
⑩	□〜を話す	□speak
⑪	□スペイン語	□Spanish
⑫	□〜を教える	□teach
⑬	□母親	□mother
⑭	□料理する	□cook
⑮	□住む	□live
⑯	□ニューヨーク	□New York
⑰	□〜を洗う	□wash
⑱	□月曜日	□Monday
⑲	□教室	□classroom
⑳	□たいてい	□usually
㉑	□日曜日	□Sunday
㉒	□息子	□son
㉓	□有名な	□famous
㉔	□市	□city
㉕	□リュックサック	□backpack
㉖	□ポケット	□pocket
㉗	□〜を練習する	□practice
㉘	□親	□parent
㉙	□動物	□animal
㉚	□バナナ	□banana
㉛	□〜に電話をかける	□call
㉜	□日本人	□Japanese

第14節 目的格の代名詞　MP3 15

① □ ときどき	□ sometimes			④ □ おば	□ aunt
② □ ～を料理する	□ cook			⑤ □ 試合	□ game
③ □ 夕食	□ dinner				

第15節 所有代名詞と疑問詞 whose　MP3 16

① □ ペン	□ pen	⑥ □ 黒い	□ black
② □ 家	□ house	⑦ □ 大きい	□ big
③ □ ネコ	□ cat	⑧ □ ～と異なる	□ be different from
④ □ 白い	□ white	⑨ □ ～も	□ too
⑤ □ 小さい	□ small		

第17節 疑問詞 when　MP3 17

① □ 起きる	□ get up	⑨ □ 朝	□ morning
② □ 教会	□ church	⑩ □ 暇な	□ free
③ □ プレゼント	□ present	⑪ □ 今日の午後	□ this afternoon
④ □ 誕生日	□ birthday	⑫ □ ～を読む	□ read
⑤ □ ～を訪ねる	□ visit	⑬ □ 夕方	□ evening
⑥ □ 祖父母	□ grandparent(s)	⑭ □ 外出する	□ go out
⑦ □ スキーに行く	□ go skiing	⑮ □ 夜	□ night
⑧ □ 冬	□ winter		

第18節 疑問詞 where　MP3 18

① □ ～が見える	□ see	⑨ □ 国	□ country
② □ 壁	□ wall	⑩ □ やさしい	□ kind
③ □ 住む	□ live	⑪ □ ここに	□ here
④ □ 毎年夏に	□ every summer	⑫ □ カメラ	□ camera
⑤ □ 居間	□ living room	⑬ □ 水	□ water
⑥ □ 筆箱	□ pencil case	⑭ □ ～の下に	□ under
⑦ □ 宿題	□ homework	⑮ □ ～の首都	□ the capital of ～
⑧ □ 図書館	□ library		

第20節 感嘆文　MP3 19

① □橋　　　　　□bridge

第23節 助動詞 can　MP3 20

① □走る　　　　□run
② □速く　　　　□fast
③ □踊る　　　　□dance
④ □〜を書く　　□write
⑤ □起きる　　　□get up
⑥ □スキーをする　□ski

⑦ □ここで　　　□here
⑧ □4月　　　　□April
⑨ □ゴルフ　　　□golf
⑩ □家族　　　　□family
⑪ □〜に乗る　　□ride
⑫ □スケートをする　□skate

第24節 現在進行形の文　MP3 21

① □泳ぐ　　　　□swim
② □海　　　　　□sea
③ □スキーをする　□ski
④ □フレッド[男性の名前]　□Fred
⑤ □散歩をする　□take a walk
⑥ □〜を持っていく　□take
⑦ □かさ　　　　□umbrella
⑧ □雨が降る　　□rain

⑨ □外で　　　　□outside
⑩ □たくさん　　□a lot
⑪ □6月　　　　□June
⑫ □頭痛がする　□have a headache
⑬ □寝ている　　□be in bed
⑭ □楽しい時を過ごす　□have a good time
⑮ □毎週　　　　□every week

第25節 一般動詞の過去の文　MP3 22

① □セーター　　□sweater
② □ケーキ　　　□cake
③ □昨日　　　　□yesterday
④ □〜を訪れる　□visit
⑤ □この前の春　□last spring
⑥ □そこに　　　□there
⑦ □川沿いに　　□along the river
⑧ □美しい　　　□beautiful

⑨ □花　　　　　□flower
⑩ □去年　　　　□last year
⑪ □今年　　　　□this year
⑫ □止まる　　　□stop
⑬ □〜の前に　　□in front of
⑭ □1時間前　　□an hour ago
⑮ □店　　　　　□shop / store
⑯ □雪が降る　　□snow

第26節 be動詞の過去の文と過去進行形の文　MP3 23

① □駅	□station	⑥ □おなかがすいた	□hungry
② □幸せな	□happy	⑦ □おなかがいっぱいの	□full
③ □病気の	□sick	⑧ □音楽	□music
④ □魚	□fish	⑨ □ラジオ	□radio
⑤ □〜を捕まえる	□catch	⑩ □お風呂に入る	□take a bath

● 著者紹介

麦谷　郁子（むぎたに　いくこ）

　富山県生まれ。名古屋大学教育学部教育心理学科卒業。椙山女学園
大学人間関係学部助手を経て、1991年から河合塾中学グリーンコース
での指導を開始。難しいこともやさしい言葉で解説し、成績を伸ばして
くれる先生として絶大な支持を受けるベテラン指導者。本書が初の著書。

改訂版　中1英語が面白いほどわかる本

2021年11月26日　初版発行
2024年11月10日　3版発行

著者／麦谷 郁子

発行者／山下 直久

発行／株式会社KADOKAWA
〒102-8177　東京都千代田区富士見2-13-3
電話 0570-002-301（ナビダイヤル）

印刷所／株式会社加藤文明社

●お問い合わせ
https://www.kadokawa.co.jp/ （「お問い合わせ」へお進みください）
※内容によっては、お答えできない場合があります。
※サポートは日本国内のみとさせていただきます。
※Japanese text only

定価はカバーに表示してあります。